Almacenes y centros de distribución

Manual para optimizar procesos y operaciones

Diego Luis Saldarriaga Restrepo

Con la colaboración de:

www.logisnet.com

Colección: Biblioteca de Logística
Director: David Soler

Almacenes y centros de distribución.
Manual para optimizar procesos y operaciones
1.ª edición, 2019

© 2019, Diego Luis Saldarriaga Restrepo
© de esta edición, incluido el diseño de la cubierta, ICG Marge, SL

Edita: Marge Books
València, 558 – 08026 Barcelona
Tel. 931 429 486 – marge@margebooks.com
www.margebooks.com

Gestión editorial: Adrià Gibernau
Compaginación: Mercedes Lara
Impresión: Prodigitalk, SL (Martorell, Barcelona)

ISBN edición impresa: 978-84-17903-07-7
ISBN edición digital: 978-84-17903-08-4
Depósito Legal: B 16691-2019

 El papel empleado en este libro no ha sido blanqueado con cloro elemental (CI_2).

Índice

El autor

Diego Luis Saldarriaga Restrepo

Es ingeniero industrial con más de 25 años de experiencia en logística y administración de operaciones en la industria. Actualmente es gerente general de Diamoni Logística, SAS, operador logístico en Colombia, gerente de Operaciones y Logística del Grupo Familia y gerente general de *Zonalogistica*.

Obtuvo el grado de MBA con honores de INCAE Business School. Es M.Sc. en Logística Integral y Operaciones, de la Universidad Oberta de Catalunya, y especialista en Logística Comercial Nacional e Internacional de la Universidad Jorge Tadeo Lozano. Asimismo, es diplomado en Gestión Logística por la Escuela de Negocios de Valparaiso, Certificate Program Specialization in Administration of Inventory and Manufacturing-Trainning Corporation.

Su pregrado lo cursó en la Facultad de Minas de la Universidad Nacional de Colombia, en donde obtuvo el grado de Ingeniero Administrador. En tres ocasiones ha sido reconocido por la revista *Gerente* dentro del grupo de los diez mejores gerentes de logística de Colombia.

Ha sido Profesor en el área de logística de varios programas de postgrado en diversas universidades colombianas, y actualmente es profesor de la especialización de logística de la Universidad de Antioquia y profesor de la maestría de esta materia en la Universidad Esumer. Ha dictado conferencias en eventos académicos en varios países, y también ha escrito notas técnicas y casos de logística.

Es fundador de la revista *Zonalogística* y se ha desempeñado como director administrativo y jefe de Planeación de Manufactura de Familia Sancela, SA, en Bogotá. Es autor de los libros:

- *Diseño, optimización y gerencia de centros de distribución, almacenar menos distribuir más.*
- *Gestión de inventarios y planeación de producción, soluciones simples a problemas complejos.*
- *Cómo lograr que las cosas se hagan, lecciones de liderazgo.*

Introducción

Los centros de distribución son lugares de almacenamiento de mercancías y tratamiento de pedidos. Cada vez se emplean más recursos tecnológicos para gestionarlos, hasta el punto de que existen tecnologías completamente automatizadas, que hacen menos necesarios los equipos de manejo de materiales, personal y controles. De hecho, el almacén se comporta como una gran máquina que ejecuta las órdenes que recibe de un sistema de información.

Obtener el mayor número de pedidos gestionados por unidad de tiempo y una alta precisión en la preparación de las órdenes de pedido son los fines básicos en la gestión de los centros de distribución. Estos espacios son elementos esenciales para la prestación de servicio a los clientes, tan importante como la fabricación del producto mismo.

En este libro se tratan los elementos que agregan productividad en la operativa de almacenamiento. La razón de ser de la productividad en estas operaciones, se relaciona con la gestión de su complejidad, la planificación de las labores, los perfiles de las operaciones y el control de todo lo que no es fácilmente perceptible para las personas responsables de la gestión de la empresa.

Capítulo 1
¿Cómo incrementar la productividad en un centro de distribución?

Un centro de distribución debe ser gestionado bajo la doble premisa de evitar movimientos de la mercancía y aumentar la productividad de manera consistente y continua. Por productividad queremos referirnos al mantenimiento de la producción y del movimiento del número de unidades, productos, cajas o palés, al mismo tiempo que se mantienen los insumos o, mejor aún, al aumento de la producción reduciendo los insumos. En otras palabras, el incremento de la productividad se relaciona con hacer más con lo mismo o con menos. Esta es la definición de productividad que plantea el economista Jason Jennings y su equipo de investigadores en el libro *Menos es más*.[1]

El enfoque de este concepto se debe ceñir al siguiente proceso, que es la razón de ser de la productividad en las operaciones de los centros de distribución:

1. Diagnosticar y planificar las operaciones del centro de distribución.
2. Gestionar la complejidad de las operaciones.
3. Pronosticar las labores.
4. Definir perfiles de tareas y evaluarlos de manera sistemática.
6. Controlar lo que no parece evidente.
7. Administrar el flujo de productos mediante sistemas de reexpedición *(cross docking):* distribuir más, almacenar menos.
8. Elaborar un indicador de control de las operaciones.

---

[1] Jason Jennings, *Menos es más,* Grupo Editorial Norma, Bogotá, 2003.

Capítulo 2

Gestionar la complejidad de las operaciones

La experiencia muestra que la ausencia de complejidad, la sencillez y la transparencia de las operaciones y de los procesos, brinda productividad.

La complejidad se mimetiza con la diversidad de productos y en la dinámica misma del comportamiento de las ventas. Esto quiere decir que, a mayor complejidad del portafolio, mayor complejidad aguas abajo y aguas arriba en la cadena de suministro.

La mayor complejidad en el centro de distribución la aportan la proliferación de productos, el síndrome de fin de mes y la intensidad de la preparación de pedidos. Preparar un pedido consiste en seleccionar y juntar varios artículos correspondientes a una orden. Un sistema de preparación de pedidos reúne un conjunto de recursos y procedimientos que permiten seleccionar y agrupar varios productos correspondientes a un pedido, de tal modo que puedan ser ubicados en un lugar específico para su empaque y entrega.

En un centro de distribución, la recepción de productos se realiza en unidades de carga de dimensiones relativamente grandes, mientras que el despacho de los pedidos se hace habitualmente mediante unidades menores de embalaje.

Esto quiere decir que los productos sufren un mayor número de manipulaciones en el despacho que en la recepción, lo cual incide directamente en el costo de la mano de obra requerida. Una gran parte de los costos en un centro de distribución corresponde a gastos de mano de obra.

El sistema de preparación de pedidos es el punto donde se satisfacen los requerimientos de los clientes, y su productividad se puede medir a través de diferentes indicadores:

- Número promedio de pedidos diarios.
- Número de líneas por operario.
- Cantidad de pedidos por hora por operario.
- Número de cajas por hora por operario.

Capítulo 3
Preparación de pedidos: ¿cómo obtener la mayor productividad?

La preparación de pedidos, que también se conoce por la voz inglesa *picking,* es uno de los subprocesos más complejos de gestionar dentro del proceso de almacenamiento (véase la figura 1).[2]

El nivel de servicio se define como el porcentaje de mercancía (en peso o unidades) que se entrega con relación a los que ordena un cliente. Uno de los principales aliados del nivel de servicio, además de un buen nivel de existencias, es el *picking.*

La preparación de pedidos puede ser una fuente de competitividad o, por el contrario, convertirse en un factor de conflicto dentro de una empresa. Esta función ha sido identificada como un servicio al cliente externo, incluida en el proceso de distribución; sin embargo, también debe ser contemplada en el interior de la organización, ya que muchas empresas requieren de un aprovisionamiento interno para la producción.

En realidad, no es suficiente contar con un sistema de preparación de pedidos que ofrezca un nivel de servicio óptimo, sino que, además, este no ha de ser excesivamente costoso. Diferentes estudios muestran que el *picking* puede llegar a representar entre un 45 y un 65 % de los costos de almacenaje.

De un adecuado manejo de la preparación de pedidos se desprende una significativa productividad en el almacén. Esto es especialmente significativo cuando las órdenes son frecuentes y de pequeño volumen, reto acrecentado con el creci-

---

[2] Si desea ver el detalle de cada componente, consulte en *Zonalogistica* (edición núm. 77) el artículo de Rafael Marín «El *picking,* problema o solución» (www.zonalogistica.com).

Figura 1. Componentes del subproceso de preparación de pedidos.

miento del comercio electrónico y por el interés generalizado de las compañías por tener un volumen mínimo de existencias y liberar capital de trabajo, además de por la introducción de nuevos productos que atomizan los inventarios.

Las empresas deben mantener una elevada conciencia en cuanto al manejo eficiente de la preparación de pedidos y su mejora continua. La clave es considerar el modo de convertir un costo en una ventaja competitiva. Cuanto más tiempo y esfuerzo se dedique a mover un producto, más elevado es el costo de la preparación de pedidos. Los errores en esta operación pueden trascender al ámbito administrativo y crear problemas de inventario y falta de confianza tanto en el cliente interno como el externo.

La actividad a la cual se dedica cada empresa redunda en los mecanismos que adopte para llevar a cabo la preparación de pedidos, pues es muy distinto hablar de industrias manufactureras a compañías de distribución comercial o empresas farmacéuticas, ya que todas requieren sistemas diferenciados. Por ello, cuando una empresa tiene la necesidad de modificar sus sistemas en este área, se ponen sobre la mesa múltiples alternativas, dudas y temores con respecto a la manera en que se debe asumir el cambio.

Para diseñar un sistema de almacenamiento y de preparación de pedidos es aconsejable valorar sistemáticamente una serie de aspectos, entre ellos se deben mencionar:

- Tecnología a emplearse en cada caso.
- Tipología de productos.
- Número de referencias y de rotaciones.
- Características físicas del almacén.
- Capacitación y receptividad del personal al cambio.

Asimismo, deben existir objetivos claros en cuanto a los niveles de existencias y rapidez de respuesta en el servicio. Solo un análisis en profundidad de las anteriores variables permitirá valorar adecuadamente qué sistema y qué combinación de tecnologías se debe elegir para alcanzar una solución adecuada.

Es imprescindible considerar las características del producto: volumen, peso, forma, fragilidad, temperatura de almacenamiento, inflamabilidad y fecha de caducidad, entre otras. Estas características definirán el sistema y las particularidades del almacenamiento: FIFO para productos con caducidad y necesidad de refrigeración y LIFO para los productos no perecederos. También debe tenerse

---

FIFO

Abreviatura de *first-in/first-out*, o «primero en entrar, primero en salir», sistema de almacenamiento donde las primeras mercancías almacenadas son las primeras en extraerse, lo que contribuye a la máxima rotación de los productos y a evitar su obsolescencia.

LIFO

Abreviatura de *last-in/first-out* o «último en llegar, primero en salir», sistema de almacenamiento donde las últimas mercancías almacenadas son las primeras en extraerse, lo que en algunos casos puede dificultar la rotación de los productos y favorecer su obsolescencia.

en cuenta la unidad sobre la cual se va a llevar a cabo la preparación de pedidos: cajas, canastillas, palés o tarimas, o contenedor rodante, por ejemplo.

Hay que valorar con exactitud la rotación de los productos para tomar decisiones con respecto al diseño del área para la preparación de pedidos y la ubicación de las referencias. Lo más usual para la clasificación de los productos es utilizar el método ABC (según los niveles de rotación de las ventas), por este motivo, los productos que pertenezcan a la primera categoría de la clasificación no deben ubicarse en lugares difíciles, es decir: a gran altura o muy lejos de la persona que prepare los pedidos. No se debe olvidar que gran parte del tiempo que se invierte en la preparación de estos se atribuye a los desplazamientos, una de las actividades que generan un costo significativo. Un ejemplo de la descomposición del trabajo en la preparación de pedidos se puede observar en la figura 2.

3.1   Trabajos en la preparación de pedidos

Las principales ocupaciones que tienen lugar en la preparación de pedidos se pueden segmentar en las que se describen en la figura 2. En un estudio realizado por el autor de este libro, se encontraron los resultados que aparecen en la tabla al pie de dicha figura.

clasificación ABC

Modelo de gestión basado en la Ley de Pareto que clasifica en orden decreciente, A, B y C, una serie de artículos, siguiendo algún criterio, por ejemplo, su volumen anual de ventas.

El grupo A tiende a acoger entre el 10 y el 20% de los artículos, de los que resultan del 50 al 70% de las ventas. El grupo B contiene el 20% de los artículos y representa el 20% de las ventas. El grupo C suele contener del 60 al 70% de los artículos y de los que sólo se obtienen del 10 al 30% de las ventas. Estos tres grupos pueden segmentarse; sin embargo, tienden a agruparse en sólo dos: A, cuando son económicamente significativos, y C, cuando no lo son, con una frontera marcada por la rentabilidad del seguimiento que se aplique a los artículos A. La clasificación ABC puede aplicarse a distintas áreas de una organización.

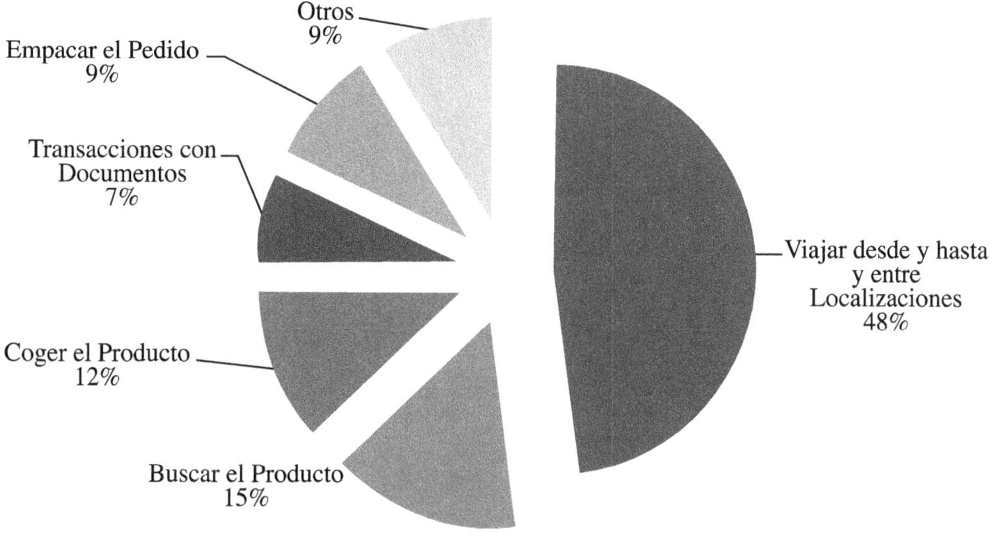

Muestra	Tiempo total (seg)	Tiempo preparación pedidos (seg)	Tiempo real de toma de productos	Unidades tomadas	Segundos/ unidad	Referencias tomadas	Palés tomados
1	1.346	478	35,51%	52	26		2
2	1.015	333	32,81%	55	18	17	1
3	1.351	287	21,24%	49	28	13	1
4	3.332	642	19,27%	117	28	29	3
5	1.236	372	30,10%	45	27	25	1
6	1.297	304	23,44%	43	30	17	1
7	1.194	306	25,63%	25	48	9	1
8	455	125	27,47%	16	28	12	1
9	275	79	28,73%	9	31	4	1
Total	11.501	2.926	25,44%	411	28	126	12

Figura 2. Descomposición por actividad del trabajo en la preparación de pedidos (Fuente: investigación del autor).

3.2   Sistemas para organizar el trabajo en la preparación de pedidos

Son tantas las posibilidades que se presentan, que puede hablarse de un sistema para cada caso. Hay empresas que optan por sistematizar totalmente su gestión de pedidos, otras eligen sistemas de persona a producto (el más solicitado y para el que se han desarrollado más herramientas) y hay otras que utilizan en un mismo espacio mecanismos de persona a producto y producto a persona. En los esquemas presentados en las figuras 3, 4 y 5 se muestran diferentes alternativas.

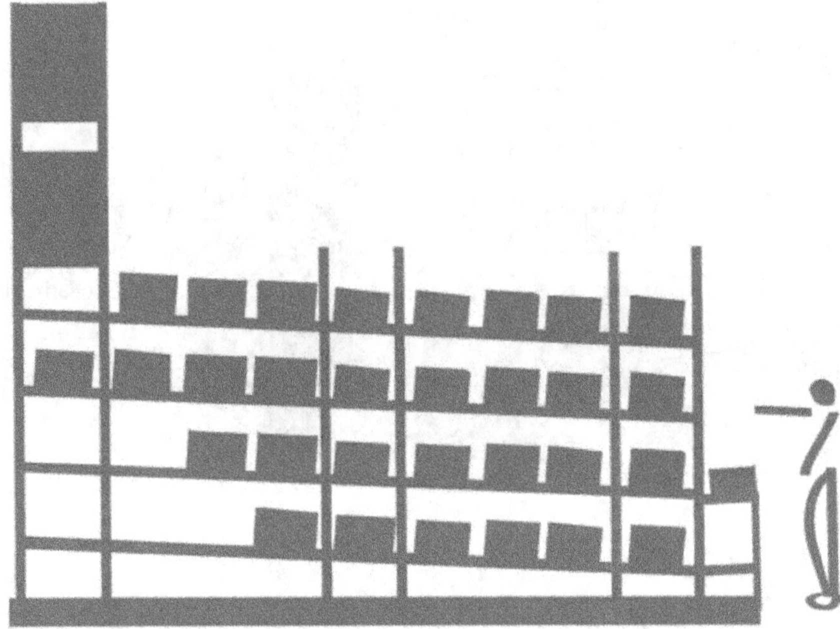

Figura 3. **Almacenaje estructurado para flujo giratorio y automatizado.**

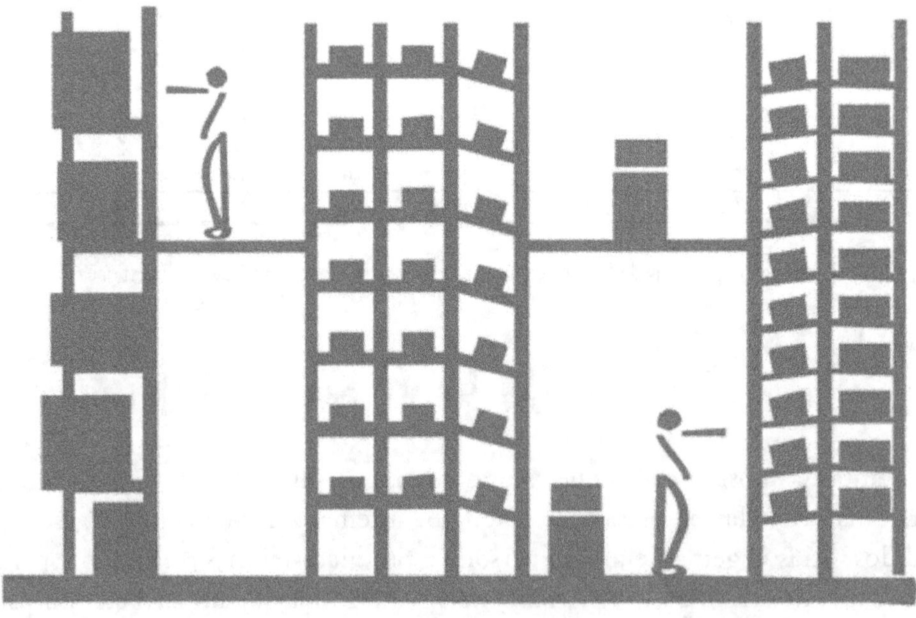

Figura 4. **Almacenamiento en el área de preparación de pedidos (los flujos hacia dentro y fuera se ubican en áreas distintas de la instalación).**

Figura 5. Sistema de *picking* de flujo.

3.3 Sistema persona a producto

En este sistema, es la persona quien debe desplazarse a cada localización y recoger las cantidades solicitadas en una orden de pedido. Así, recorre una a una las posiciones requeridas hasta completar la orden. Aunque este es el sistema más antiguo, pese a su tradición, ha evolucionado en cuanto a la racionalización del espacio y la organización de las labores de cada operario, el incremento en las ofertas para estanterías de acuerdo con las especificaciones de los productos y la innovación en máquinas para el manejo de materiales. Resulta común observar varios niveles o plataformas de preparación de pedidos en altura, que se generan con el interés de una mayor utilización del espacio disponible.

También es posible que el operario acceda a las posiciones de manera mecanizada, usando un montacargas mecanizado o un recogepedidos. Con este tipo de máquinas, las localizaciones de los productos pueden ser colocadas en cualquier nivel de la estantería, dando mayor uso a la altura.

Lo ideal en cuanto a la configuración del almacén, la ubicación de los productos y el punto de consolidación de pedidos es buscar siempre el equilibrio entre accesibilidad y aprovechamiento de la superficie. No hay que perder de vista que en la preparación de pedidos los desplazamientos pueden abarcar entre el 50 y el

70 % del tiempo de la operación, la selección puede representar el 15 o el 20 % y la documentación respectiva entre el 10 y el 15 %.

La importancia de minimizar los movimientos es tal que la ubicación de los productos con mayor rotación debe ser lo más cercana posible con respecto a la persona que prepara el pedido. En los almacenes de poca altura, pero con gran superficie no es recomendable que un operario atienda un solo pedido, ya que los tiempos de desplazamiento serán muy largos. En este caso, deben emplearse varias zonas de preparación de pedidos y varias personas, las cuales organizarán el pedido en una zona de agrupamiento. Se requiere entonces que el contenedor o palé circule por cada zona hasta llegar al puesto de agrupamiento, y aunque la preparación del pedido se haga manualmente, se requiere de un sistema de transporte mecánico entre cada una de las zonas de agrupamiento.

Si, en cambio, el almacén no es muy grande, el método más utilizado es que un operario trabaje sobre un pedido completo. Es decir, que busque cada producto desde su ubicación original por las distintas posiciones de estantería. Teniendo en cuenta la vigencia de la preparación manual de pedidos, existe una gran gama de estanterías y equipos de manejo de materiales para facilitar esta operación. Las estanterías pueden ir con divisiones, bandejas, cajones para piezas pequeñas, espacios especializados para productos largos y ruedas, entre otros accesorios. Los equipos de manejo de materiales van desde máquinas creadas para transitar por espacios pequeños, hasta otras con modernos conceptos ergonómicos, dado que la tarea de preparar pedidos puede requerir un considerable esfuerzo físico.

3.4   Sistema producto a persona

En este sistema los productos deben desplazarse hasta un lugar en donde la persona que los recoge tiene una posición física fija y única. Una vez el producto llega a esta posición se seleccionan las cantidades solicitadas y lo restante vuelve a su posición de almacenamiento, repitiéndose este ciclo hasta completar la orden. Para este sistema es necesario usar bandas transportadoras de cajas o palés que lleven el producto al operario. Aunque las inversiones pueden ser considerables se incrementa el número de pedidos preparados por persona.

3.5   Repetición de los productos en las órdenes de pedidos

Es recomendable un análisis detallado para establecer la ubicación del producto en el área de preparación de pedidos. Resulta erróneo pensar que se deben colocar los productos más vendidos (por volumen de ventas) más cerca de las puertas de embarque, ya que el problema es más complejo. Se debe analizar el perfil de los pedidos utilizando el método ABC, observar el número de veces que una referencia se encuentra en las órdenes de pedido, y ponderar este resultado con el margen de contribución del producto para determinar su ubicación física en el área de *picking* y ganar productividad. Recuérdese que hay productos de bajo volumen de ventas, alto margen de contribución y elevada presencia en las órdenes, y que es por este tipo de productos que se realizan más desplazamientos en el área de recogida.

Esquematizando un caso real, obsérvese el ejemplo de repeticiones de unidad de mantenimiento de existencias o SKU *(stock keeping unit)* en la preparación de pedidos de la tabla 1.

Perfil de productos

Producto	Ventas	ABC	Margen (%)	Núm. visitas	Repetición
1	300	A	38	22	3,7
2	240	A	39	33	5,6
3	220	A	40	38	6,4
4	190	A	42	50	8,4
5	170	B	45	59	9,9
6	150	B	48	60	10,1
7	140	B	52	62	10,4
8	120	C	55	85	14,3
9	110	C	62	90	15,2
10	100	C	65	95	16,0
				594	100

Tabla 1. Estratificación según la repetición de los productos en las órdenes de pedidos.

unidad de mantenimiento de existencias o SKU

Una «unidad de mantenimiento de existencias» o SKU *(stock keeping unit)*, se refiere a cualquier objeto, artículo, marca, servicio, modo de presentación, etc., al cual se fija precio y es facturable como resultado de una transacción comercial en cualquier punto de la cadena de aprovisionamiento. A cada variante por color, modelo, tipo de prestación, etc., le corresponde un SKU diferente, que se identifica con un algoritmo único, con el fin de poder efectuar un seguimiento sistemático de los productos o servicios ofrecidos al mercado.

En este caso, el producto número 1 es el de más volumen de ventas, con 300 unidades, el de menor margen de contribución, 38 %, y el menos repetido en las órdenes, ya que aparece en el 3,7 % de ellas. Este tipo de artículos son normalmente productos A (cuando se clasifican solo por sus ventas), con altos volúmenes de venta, que podrían enviarse en lotes grandes desde las líneas de producción sin que pasen por los centros de distribución.

El producto número 10 experimenta el caso contrario, con un volumen de ventas bajo, 100 unidades, tiene el mejor margen de contribución de toda la gama de productos y se presenta en un 16 % de los pedidos. Este producto hace que el operario tenga que visitar su localización dieciséis veces de cada cien pedidos que se atienden. Este es el artículo que debe colocarse más cerca de los muelles de carga, porque es el que más desplazamientos generará en la operación de recogida de las órdenes.

Existe una opinión generalizada de que aún en un sistema manual de preparación de pedidos debe existir un control de inventarios en tiempo real. La información en tiempo real se está utilizando con éxito en los sistemas persona a producto, gracias a los códigos de barras, la transmisión de datos por radiofrecuencia y las aplicaciones por voz, pues son mecanismos muy fiables que reducen casi por completo los errores.

3.6 Medios e instalaciones para la preparación de pedidos

- **Medios para la colocación de los productos**
  - Conjuntos dinámicos.
  - Almacén automático.
  - Carrusel horizontal.
  - Carrusel vertical.
  - Estanterías convencionales.
  - Estanterías dinámicas.
  - Entresuelo.

- **Medios de desplazamiento móviles**
  - Equipos de transporte horizontal y vertical.
  - Transelevadores.
  - Transpaleta manual.
  - Transpaleta eléctrica.

- Preparador de pedidos de nivel bajo.
- Recogedor de pedidos para niveles altos.

- **Medios de desplazamiento fijos**
  - Cintas de clasificación.
  - Transportadores de banda.
  - Transportadores de rodillo.

- **Sistemas de preparación de pedidos**
  - Un pedido: un mensajero.
  - Un pedido: varios mensajeros.
  - Varios pedidos: un preparador.
  - Varios pedidos: varios preparadores.
  - Producto a la persona.
  - Persona al producto.

3.7 Alistamiento y despacho de productos

También se conoce como preparación de pedidos y abarca el movimiento, la consolidación, el control y el empaque o embalaje de la mercancía. Este proceso puede llevarse a cabo por medio de diferentes métodos de acuerdo con la clase de empaque que haya solicitado el usuario, por ejemplo:

- **Método por cliente**
  - Cada equipo o persona tiene una orden de pedido.
  - Necesita más personas y dispositivos de mantenimiento de materiales.
  - Las entregas son más oportunas y el servicio se agiliza.
  - Deben hacerse más recorridos.
  - Es idóneo para gestionar un bajo volumen de productos.

- **Método consolidado**
  - Elevado volumen de rotación y mercancía.
  - Solo se debe realizar un solo viaje para hacer la recogida.
  - Requiere un área adicional para la clasificación o separación por orden de pedido.
  - Pueden presentarse errores por la manipulación.
  - El ciclo de entrega tiende a ralentizarse.

3.8   Estratificación de productos en la preparación de pedidos

Una adecuada gestión de la preparación de pedidos es fundamental para minimizar los errores, reducir costos y disminuir tiempos de ciclo de la orden de pedido. A continuación, se presenta una metodología de estratificación de las referencias que ayuda a hacer más productivo este subproceso.

Cada referencia dentro del portafolio de productos posee una dinámica propia por su condición de volumen de ventas, repetición en las órdenes de pedido y margen de contribución.

Para establecer la gestión óptima de cada unidad de mantenimiento de existencias o SKU en el almacén es necesario contar con la siguiente información:

- Ventas mensuales.
- Volumen de pedidos para un día típico.
- Número de cajas a despachar en ese día típico.
- Desviación estándar de las cajas por día.
- Promedio de cajas por pedido.
- Número promedio de SKU o referencias a despachar diariamente.
- Promedio de cajas por SKU.
- Líneas o SKU por pedido.
- Intensidad de la preparación de pedidos.
- Número de cajas por palé.
- Repeticiones de SKU en las órdenes de pedido.

Para gestionar la complejidad de la preparación de pedidos se pueden realizar un análisis de las referencias existentes, de tal manera que se logre la productividad adecuada. Esta evaluación comprende la identificación de la frecuencia de ventas del conjunto de productos incluidos en el portafolio. En la figura 6 se puede observar cómo un 20 % de SKU de un portafolio específico significa aproximadamente el 75 % de las ventas.

El análisis también debe incluir el volumen despachado por cada SKU. En la tabla 2 se puede ver un ejemplo de las operaciones máximas y promedio por día en un centro de distribución. Con esta información es posible confeccionar las necesidades de personal para días pico y días promedio; adicionalmente podrían obtenerse datos para días medios y días bajos.

Una vez recabada y analizada la información anterior, es conveniente definir el número de palés que debe tener cada SKU en el área de preparación de pedidos (véase la figura 7).

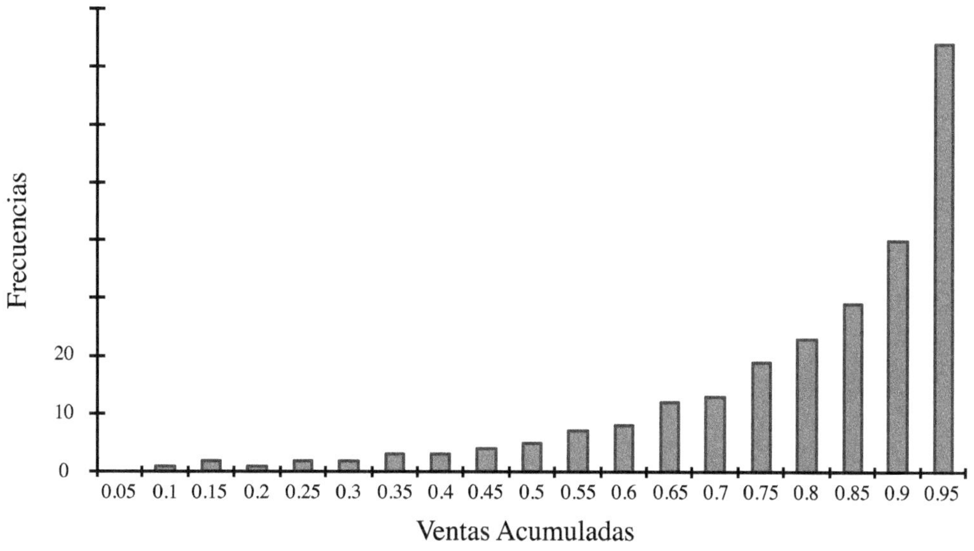

Figura 6. Histograma de frecuencia de ventas de un producto.

Periodo	Promedio/Día	Max *Pallets*/Día	Promedio. Unid/Día	Max. Unid/Día	Promedio/Día	Max. Líneas/Día
Año	390	1146	10501	23862	1128	2670
Enero	427	950	11993	19855	1368	2310
Febrero	389	850	12119	23862	1408	2494
Marzo	370	771	10957	18573	1201	2347
Abril	410	756	12688	19563	1430	2285
Mayo	437	805	11841	18886	1401	2670
Junio	413	943	11502	19365	1316	2217
Julio	211	831	1953	15081		1412
Agosto	519	1079	10955	19556	1198	2340
Septiembre	487	1146	11252	18171	1178	1907
Octubre	278	441	10896	21972	1238	2121
Noviembre	350	710	10214	17532	1068	2157
Diciembre	351	652	8513	15621	442	850

Tabla 2. Diagnóstico de operaciones máximas y promedio por día.

La figura 7 indica que 41 SKU —aproximadamente— deben tener un palé en el área de preparación de pedidos, 14 SKU deben tener dos palés en dicha área, tres SKU deben tener tres palés y ocho SKU deben tener cuatro palés disponibles en la zona de alistamiento de pedidos.

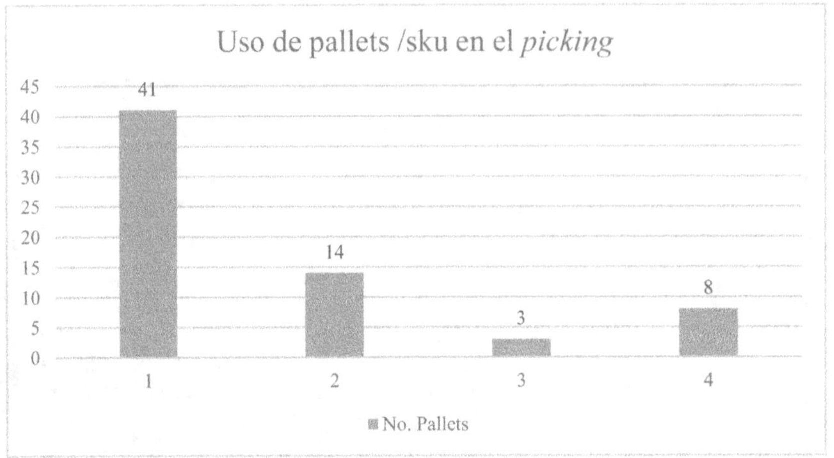

Figura 7. Número de posiciones en la preparación de pedidos.

Una adecuada definición del número de palés que cada referencia debe tener en el *picking* permitirá que las órdenes siempre se completen, que no haya demoras en la preparación del pedido, por ejemplo, esperando a que el palé de una referencia sea reabastecido desde la posición de almacenamiento hasta la de preparación de pedidos. Esto evitará regresar al lugar en el que no estaba el producto para recoger lo que falta, una vez se haya reabastecido esa ubicación.

Un paso posterior es definir cuántas veces debe reabastecerse al día y a qué horas debe hacerse ese reaprovisionamiento. En relación a estos dos puntos es recomendable que en la preparación de pedidos estén el número de palés que alcancen para la operación de un día completo y que los reabastecimientos se hagan en el tercer turno (o en el turno de menor operación), de tal manera que al inicio del primer turno —donde las operaciones son altas— todas las ubicaciones estén surtidas.

3.9 Análisis de productos de alto movimiento en la preparación de pedidos

Exponemos esta metodología a través de un ejemplo. Confites Pomar es una empresa que fabrica en una de sus líneas de producción 66 referencias y posee una alta dinámica en la preparación de pedidos. Aunque esta empresa ha trabajado desde hace muchos años con un sistema que se ha establecido por la experiencia de su plantilla, recientemente la compañía ha recibido quejas de sus clientes relacionadas con pedidos incompletos o dañados y demoras en los tiempos de entrega.

En la tabla 5 aparece la información básica de la empresa Confites Pomar. Partiendo de esta información se desea hacer una caracterización de la operativa actual para establecer una definición futura de sus operaciones.

Como ya se dijo, puede existir el criterio de que los productos que deben ser privilegiados con una buena ubicación en el centro de distribución son los de mayor volumen de ventas, creencia equivocada si se tiene en cuenta que lo que genera costos en un centro de distribución son los desplazamientos.

Las clasificaciones ABC por ventas y número de veces que una referencia se encuentra en las órdenes de pedido para Confites Pomar están tabuladas en las tablas 3 y 4, respectivamente.

De acuerdo con el volumen de embarques en un día normal que se está analizando en el ejemplo (los volúmenes embarcados de cada ítem están expresados en porcentajes), se encuentra que el ítem 20400 tiene despachos diarios de 1.347 unidades, lo que representa un 13,6 % del conjunto diario, y está presente en 139 pedidos (cada línea es un pedido). De ese volumen de despachos por día, 345 unidades que representan el 26 % son retiradas de la preparación de pedidos, el restante 74 % es embarcado directamente desde las áreas de gran almacenamiento, por lo que no es necesario que pasen por el área de *picking*, y

Resumen clasificación por ventas			
Clasificación	**Referencias**	**Porcentaje referencia**	**Porcentaje venta**
A	25	38%	80%
B	24	36%	15%
C	17	26%	5%
Total	66	100%	100%

Tabla 3. Clasificación ABC por ventas.

Resumen clasificación por repetición			
Clasificación	**Referencias**	**Porcentaje referencia**	**Porcentaje venta**
A	33	50%	80%
B	17	26%	15%
C	16	24%	5%
Total	66	100%	100%

Tabla 4. Clasificación ABC por repetición de los productos en las órdenes de pedidos.

Caracterización de la preparación de pedidos (perfilamiento del *picking*)

Referencia	Promedio de cajas diarias	Líneas/día	Desviación estándar	Variabilidad	Cajas por palé	Cajas selecciona das en *picking*	Palés completos (%)	Intensidad del *picking*	Consumo palés/día del *picking*	Posiciones necesarias	Reposiciones máximas por día
	a	b	c	d	e	f	g	h	i	j	k
				c/a				f/a	a/e*h*(1+d)	i/k	
60700	229	172	32	14%	18	229	0%	100%	15	4	4
40100	316	171	48	15%	56	316	0%	100%	7	4	2
20300	395	171	6	2%	150	232	41%	59%	2	1	2
20400	1.347	139	56	4%	150	345	74%	26%	2	2	2
21100	158	94	34	22%	56	102	35%	65%	2	2	2
60400	95	84	22	23%	220	95	0%	100%	1	1	2
60100	116	69	15	13%	126	116	0%	100%	1	1	2
50200	57	54	6	11%	36	57	0%	100%	2	2	2
40800	448	59	43	10%	36	220	51%	49%	7	4	2
98600	52	50	6	12%	56	52	0%	100%	1	1	2
21400	51	50	5	10%	150	51	0%	100%	1	1	2
42000	136	50	21	15%	50	86	37%	63%	2	2	2
20600	573	52	34	6%	150	55	90%	10%	0	1	2
60800	154	48	12	8%	18	125	19%	81%	8	4	2
50700	92	46	8	9%	90	92	0%	100%	2	2	2
20000	73	46	4	5%	150	73	0%	100%	1	1	2
40200	61	46	9	15%	44	61	0%	100%	2	2	2
30400	659	51	45	7%	50	320	51%	49%	7	4	2
50000	64	43	5	8%	36	64	0%	100%	2	2	2
51000	60	43	16	27%	90	60	0%	100%	1	1	2
50800	46	43	8	17%	117	46	0%	100%	1	1	2
20200	270	43	5	2%	150	190	30%	70%	1	1	2
20900	48	38	12	25%	150	48	0%	100%	1	1	2
40700	389	42	38	10%	36	196	50%	50%	6	4	2
60600	92	35	9	10%	18	92	0%	100%	7	4	2
10200	225	38	25	11%	50	48	79%	21%	1	1	2
40400	146	34	32	22%	32	146	0%	100%	6	4	2
61000	170	40	34	20%	18	58	66%	34%	4	3	2
50500	32	32	3	9%	36	32	0%	100%	1	1	2
23400	337	33	12	4%	56	220	35%	65%	5	3	2
40600	295	37	24	8%	36	54	82%	18%	2	1	2
60900	243	41	5	2%	18	45	81%	19%	3	2	2
60000	47	30	32	68%	132	47	0%	100%	2	1	2
21200	87	29	12	14%	150	87	0%	100%	1	1	2
40500	167	32	35	21%	32	42	75%	25%	2	1	2
50100	51	27	7	14%	36	51	0%	100%	2	2	2
40600	78	28	12	15%	35	42	46%	54%	2	1	2
60300	29	26	2	7%	105	29	0%	100%	1	1	2
67800	26	26	5	19%	35	26	0%	100%	1	1	2
20100	60	25	2	3%	150	60	0%	100%	1	1	2
50900	70	22	19	27%	110	70	0%	100%	1	1	2
41000	37	22	3	8%	36	37	0%	100%	2	2	2
21000	466	24	68	15%	150	55	88%	12%	1	1	2
40300	61	21	8	13%	44	61	0%	100%	2	2	2
60200	59	21	14	24%	99	59	0%	100%	1	1	2
21100	244	19	24	10%	150	86	65%	35%	1	1	2
21500	32	16	2	6%	150	32	0%	100%	1	1	2
30500	361	19	34	9%	50	189	48%	52%	5	3	2
50600	29	15	9	31%	36	29	0%	100%	1	1	2
40000	42	14	12	29%	35	42	0%	100%	3	2	2
30100	28	14	1	4%	56	28	0%	100%	1	1	2
20500	24	14	8	33%	75	24	0%	100%	1	1	2
30000	19	11	1	5%	40	19	0%	100%	1	1	2
12300	99	10	3	3%	56	99	0%	100%	2	2	2
32200	47	10	4	9%	56	47	0%	100%	1	1	2
67400	55	9	2	4%	150	55	0%	100%	1	1	2
34500	50	9	23	46%	150	50	0%	100%	1	1	2
20800	8	8	2	25%	150	8	0%	100%	1	1	2
60500	43	7	7	16%	210	43	0%	100%	1	1	2
50400	17	7	5	29%	32	17	0%	100%	1	1	2
30200	7	7	1	14%	35	7	0%	100%	1	1	2
40900	40	6	5	13%	36	40	0%	100%	2	2	2
51100	58	5	15	26%	132	58	0%	100%	1	1	2
50300	9	5	2	22%	44	9	0%	100%	1	1	2
30300	6	5	1	17%	35	6	0%	100%	1	1	2
23500	45	5	32	71%	35	10	78%	22%	1	1	2
	9.930		1.046						157	110	

Tabla 5. Caracterización de la preparación de pedidos.

las 345 unidades que se seleccionan desde la preparación de pedidos representan además dos palés (345 / 150 = 2) (véase la tabla 5).

Un total de 132 visitas a la zona de preparación de pedidos están representadas por 345 unidades, lo que le da una participación del 5,4 % del total de las 2.465 visitas que deben hacerse diariamente a esta área (véase la tabla 6).

Adicionalmente, de las tablas anteriores se puede extraer la siguiente conclusión: aunque existen 25 productos clasificados como A por su volumen de ventas, existen 33 clasificados con elevada presencia en las órdenes de pedido. De igual manera, de 24 productos B solo 17 pasan a ser B por su elevada presencia y de los productos C, 16 tienen una baja presencia.

También es importante observar que si se adecuara el diseño del área de preparación de pedidos de acuerdo con la clasificación ABC de las ventas, se tendrían 25 referencias (el 38 % de SKU) en la posición más cercana a las puertas de salida; pero al hacer la clasificación por su presencia en las órdenes de pedido, ahora las SKU se elevan a 33, es decir, el 50 % de todos los productos son los que deben estar más cerca de las puertas, y no necesariamente los 25 productos clasificados A por volumen de ventas son los mismos clasificados A por repetición en las órdenes de pedido.

En la figura 8 se representa en una sola gráfica el volumen de envíos y el porcentaje en que una misma referencia aparece en las órdenes de pedido; en ella se pueden apreciar simultáneamente los productos A (rombos), los productos B (cuadros) y los productos C (triángulos).

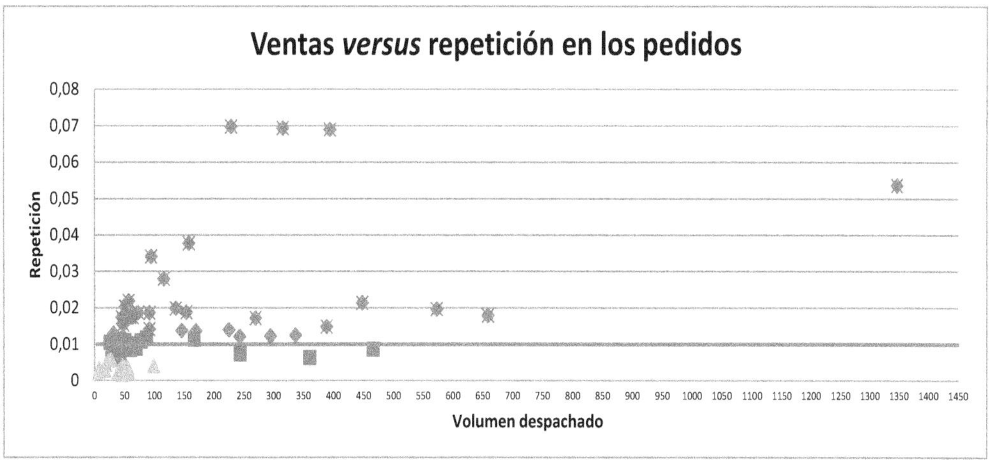

Figura 8. Gráfico de ventas *versus* repetición de productos en las órdenes de pedido.

En el gráfico de la figura 8 se puede observar cómo no todos los productos A clasificados por volumen tienen una elevada presencia en las órdenes de pedido, todos los productos por debajo de la línea tienen una baja presencia y los que se encuentran encima de la línea tienen elevada presencia. Asimismo, se evidencia que por debajo y por encima de la línea se encuentran categorizados productos A y en ocasiones también se encuentran productos B y C.

3.10   ¿Qué artículos son los más importantes en un centro de distribución?

Del mismo modo que sucede en ambientes de manufactura, en los centros de distribución existen productos más importantes que otros. En el centro de distribución los artículos más importantes son los que cumplen tres condiciones: la primera es que tengan una elevada repetición, la segunda que tengan un elevado margen de contribución (el margen es el precio de venta menos el costo totalmente variable) y la tercera que tengan un alto volumen de salidas. La combinación de estas tres variables configuraría quién es quién en el centro de distribución.

Estos productos son los que deben tener una localización en lugares privilegiados y, además, deben ser tramitados en primera instancia. Para ello resulta imprescindible que las listas de recolección estén ordenadas por una ponderación de estos tres factores, con el fin de que los artículos que cumplan con estas tres condiciones sean cargados en primera instancia.

En la figura 9 se observa que los productos más importantes —para este caso— son los que están incluidos en el área resaltada; estos cumplen con los criterios de más elevada repetición y un alto margen de contribución.

Los productos también se pueden clasificar en la preparación de pedidos de acuerdo a su nivel de actividad en el centro de distribución. Hay productos de alta actividad que se pueden agrupar en las zonas calientes, los de media actividad se localizarían en las zonas moderadas y, por último, se reservaría una zona para productos de baja actividad.

La figura 9.1 muestra el análisis de un portafolio, donde se pueden apreciar cinco variables para cada producto:

- La clasificación ABC.
- El promedio de unidades por cada línea de la preparación de pedidos.
- La repetición de cada producto.

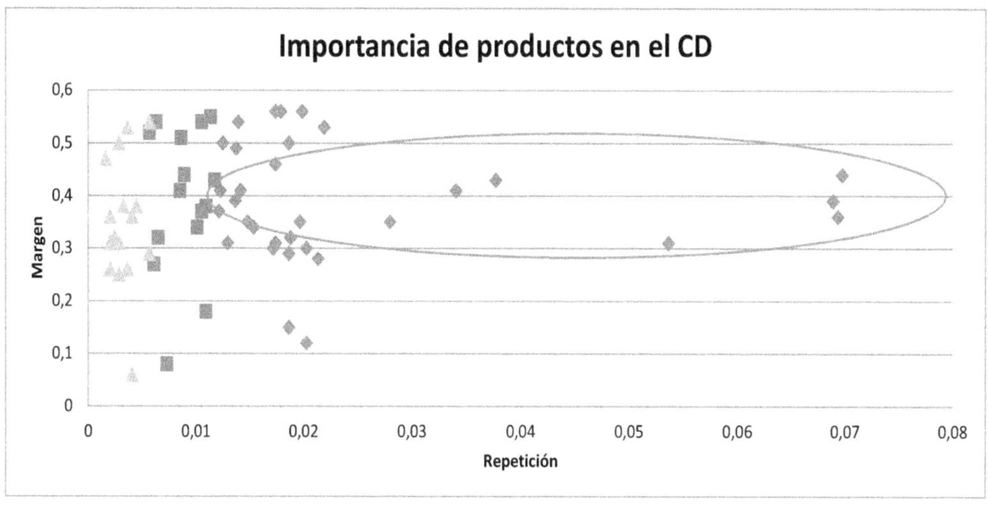

Figura 9. Importancia de un producto dentro del centro de distribución.

- El tamaño medio de unidades en cada visita y el percentil 85.
- Las bandas representan el percentil 85 y 90.

3.11 Dimensión del área de preparación de pedidos

El tamaño de la zona de preparación de pedidos debe quedar definido por la combinación de SKU y el número de palés para cada una de ellas que deben estar presentes. Por definición, cada ítem del portafolio debe estar en el área de preparación de pedidos. Queda por definir cuántos palés o unidades de cada ítem deben estar en esta área, de tal modo que no haya que interrumpir la labor de preparación de pedidos durante un turno o día de trabajo para hacer los llenados o reabastecimientos de producto a estas áreas y, luego el número de reabastecimientos diarios que se deben hacer para mantener el área abastecida y libre de faltantes.

3.12 ¿Cuál es el volumen de unidades de cada SKU en el área de preparación de pedidos?

Sea: v = variabilidad de los envíos en unidades en un día.

  e = cajas por palé.

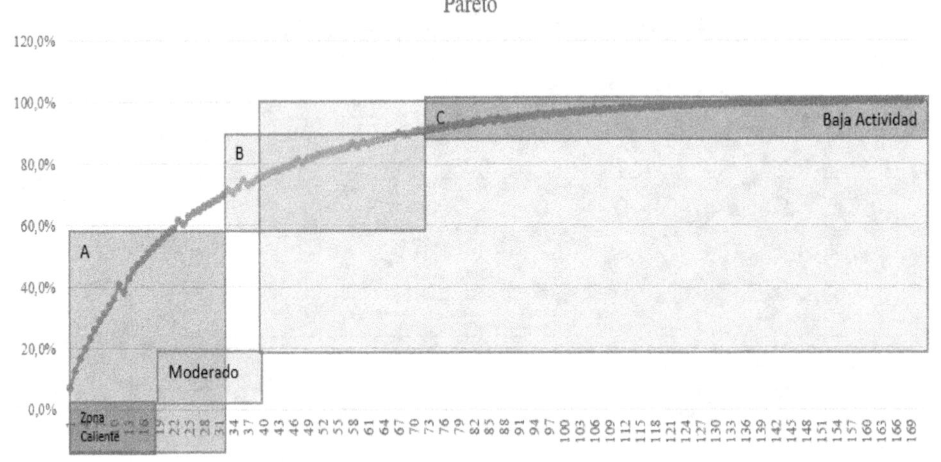

	Configuración del Picking				ABC				
	Skus	%	Pallets Picking	%	Skus	%	Bultos	%	
Zona Caliente	12	7,1%	74	24,0%	27	16,1%	265.103	65%	A
Moderado	26	15,5%	72	23,4%	43	25,6%	103.252	25%	B
Baja Actividad	130	77,4%	162	52,6%	98	58,3%	41.814	10%	C
Total	168	100%	308	100%	168	100%	410.169	100%	

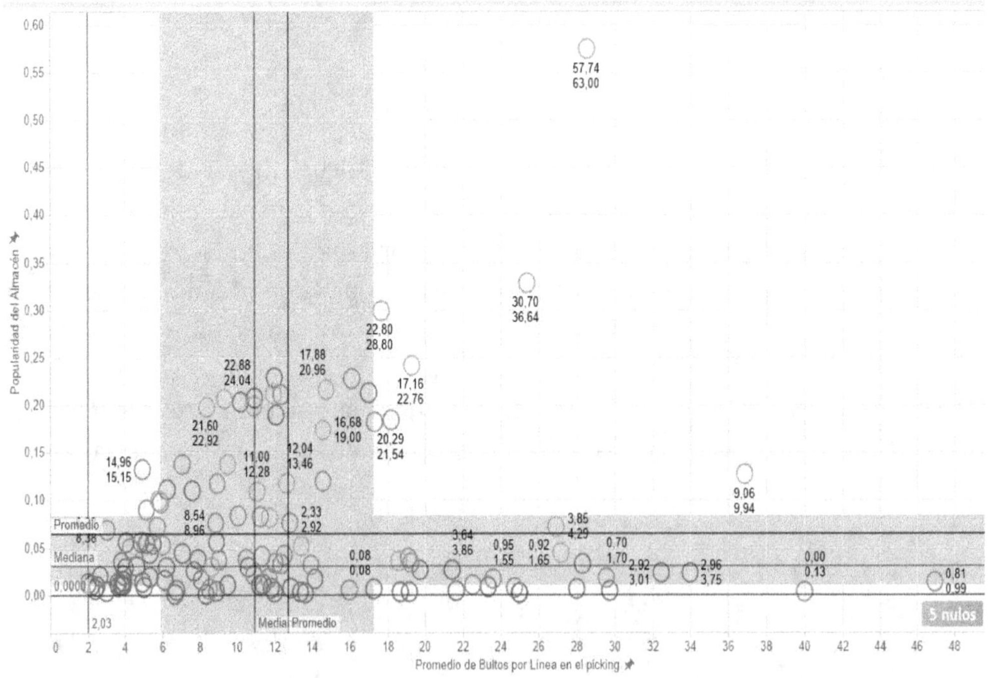

Figura 9.1. **Análisis de portafolio. Quién es qué en el *picking*.**

d = cajas que se recogen de la preparación de pedidos por día.

r = número de reposiciones por día.

Entonces, el consumo de palés en la preparación de pedidos por día viene dado por la siguiente expresión:

$$c = d/e(1+v). \tag{1}$$

Y las posiciones *p* necesarias en la preparación de pedidos vienen dadas por la siguiente expresión:

$$p = c/r. \tag{2}$$

Para el caso de la referencia 20400, el número de palés en la preparación de pedidos es:

$v = 4\%$.

$e = 150 \ d= 345 \ r= 2$.

$p = 345/150*(1+4\%) / 2$.

$p \approx 2$ palés.

En la tabla 6 se pueden observar las diferencias entre la clasificación ABC por medio de las ventas y la clasificación ABC por repeticiones.

Por ejemplo, las referencias 50200, 98600, 21400, 50700, 20000 y 40200 pasaron de una clasificación B por ventas a una clasificación A por número de repeticiones. De igual manera, la referencia 50500 pasó de C a A y la referencia 60300 pasó de C a B, lo cual muestra lo delicado y superfluo que es hacer la clasificación únicamente por volumen de ventas.

Si se aplica la metodología estudiada para cada ítem, se está en condiciones de saber cuántos palés en total es necesario tener asignados al área de preparación de pedidos. En la tabla 7 se puede observar el resumen de palés que Confites Pomar debe disponer.

Para Confites Pomar, 41 referencias deben tener al menos un palé, 14 referencias deben tener dos palés y ocho referencias deben tener cuatro palés. Los reabastecimientos fueron definidos en dos al día (véase la tabla 7).

Referencia	Cajas/línea del *picking*	Visitas al *picking*	Clasificación por ventas			Clasificación por repetición		
			Participación en ventas (%)	Particiación acumulada	Clasificación ABC por ventas	Participación en visitas (%)	Particiación acumulada	Clasificación ABC por visitas
	l	m	n	ñ	o	p	q	r
	f/m			n+ñ			p+q	
60700	1	172	2,3%	2,3%	A	7,0%	7,0%	A
40100	2	171	3,2%	5,5%	A	6,9%	13,9%	A
20300	1	170	4,0%	9,5%	A	6,9%	20,8%	A
20400	3	132	13,6%	13,6%	A	5,4%	26,2%	A
21100	1	93	1,6%	15,2%	A	3,8%	29,9%	A
60400	1	84	1,0%	16,1%	A	3,4%	33,4%	A
60100	2	69	1,2%	17,3%	A	2,8%	36,1%	A
50200	1	54	0,6%	17,9%	B	2,2%	38,3%	A
40800	4	53	4,5%	22,4%	A	2,1%	40,5%	A
98600	1	50	0,5%	22,9%	B	2,0%	42,5%	A
21400	1	50	0,5%	23,4%	B	2,0%	44,5%	A
42000	2	49	1,4%	24,8%	A	2,0%	46,5%	A
20600	1	49	5,8%	30,5%	A	2,0%	48,5%	A
60800	3	46	1,6%	32,1%	A	1,9%	50,4%	A
50700	2	46	0,9%	33,0%	B	1,9%	52,2%	A
20000	2	46	0,7%	33,8%	B	1,9%	54,1%	A
40200	1	46	0,6%	34,4%	B	1,9%	56,0%	A
30400	7	44	6,6%	41,0%	A	1,8%	57,8%	A
50000	1	43	0,6%	41,7%	B	1,7%	59,5%	A
51000	1	43	0,6%	42,3%	B	1,7%	61,2%	A
50800	1	43	0,5%	42,7%	B	1,7%	63,0%	A
20200	4	42	2,7%	45,4%	A	1,7%	64,7%	A
20900	1	38	0,5%	45,9%	B	1,5%	66,3%	A
40700	5	37	3,9%	49,8%	A	1,5%	67,7%	A
60600	3	35	0,9%	50,8%	B	1,4%	69,2%	A
10200	1	34	2,3%	53,0%	A	1,4%	70,6%	A
40400	4	34	1,5%	54,5%	A	1,4%	71,9%	A
61000	2	34	1,7%	56,2%	A	1,4%	73,3%	A
50500	1	32	0,3%	56,5%	C	1,3%	74,6%	A
23400	7	31	3,4%	59,9%	A	1,3%	75,9%	A
40600	2	30	3,0%	62,9%	A	1,2%	77,1%	A
60900	2	30	2,4%	65,3%	A	1,2%	78,3%	A
60000	2	30	0,5%	65,8%	B	1,2%	79,5%	A
21200	3	29	0,9%	66,7%	B	1,2%	80,7%	B
40500	1	28	1,7%	68,4%	A	1,1%	81,8%	B
50100	2	27	0,5%	68,9%	B	1,1%	82,9%	B
40600	2	27	0,8%	69,7%	B	1,1%	84,0%	B
60300	1	26	0,3%	70,0%	C	1,1%	85,1%	B
67800	1	26	0,3%	70,2%	C	1,1%	86,1%	B
20100	2	25	0,6%	70,8%	B	1,0%	87,2%	B
50900	3	22	0,7%	71,5%	B	0,9%	88,0%	B
41000	2	22	0,4%	71,9%	C	0,9%	88,9%	B
21000	3	21	4,7%	76,6%	A	0,9%	89,8%	B
40300	3	21	0,6%	77,2%	B	0,9%	90,7%	B
60200	3	21	0,6%	77,8%	B	0,9%	91,5%	B
21100	5	18	2,5%	80,3%	A	0,7%	92,2%	B
21500	2	16	0,3%	80,6%	C	0,6%	92,9%	B
30500	12	16	3,6%	84,2%	A	0,6%	93,5%	B
50600	2	15	0,3%	84,5%	C	0,6%	94,1%	B
40000	3	14	0,4%	84,9%	C	0,6%	94,7%	B
30100	2	14	0,3%	85,2%	C	0,6%	95,3%	C
20500	2	14	0,2%	85,5%	C	0,6%	95,8%	C
30000	2	11	0,2%	85,7%	C	0,4%	96,3%	C
12300	10	10	1,0%	86,7%	A	0,4%	96,7%	C
32200	5	10	0,5%	87,1%	B	0,4%	97,1%	C
67400	6	9	0,6%	87,7%	B	0,4%	97,4%	C
34500	6	9	0,5%	88,2%	B	0,4%	97,8%	C
20800	1	8	0,1%	88,3%	C	0,3%	98,1%	C
60500	6	7	0,4%	88,7%	C	0,3%	98,4%	C
50400	2	7	0,2%	88,9%	C	0,3%	98,7%	C
30200	1	7	0,1%	88,9%	C	0,3%	99,0%	C
40900	7	6	0,4%	89,3%	C	0,2%	99,2%	C
51100	12	5	0,6%	89,9%	B	0,2%	99,4%	C
50300	2	5	0,1%	90,0%	C	0,2%	99,6%	C
30300	1	5	0,1%	90,1%	C	0,2%	99,8%	C
23500	3	4	0,5%	90,5%	B	0,2%	100,0%	C
		2.465						

Tabla 6. Clasificación ABC por ventas y por repetición de productos en los pedidos.

Palés en el picking, por SKU

Referencias	Núm. palés/SKU	Núm. palés en el picking
41	1	41
14	2	28
3	3	9
8	4	32
66		110

Tabla 7. Número de palés en el área de preparación de pedidos.

3.13 La distribución en planta para la preparación de pedidos

La distribución en planta o *layout* tiene como propósito determinar la mejor disposición del proceso productivo en el almacén, que permita la adecuada circulación de productos, personas e información. Así pues, sus objetivos deben ser:

- Reducir el movimiento de materiales y de personas porque generan costos innecesarios en los centros de distribución. Los desplazamientos son los principales generadores de desperdicios y deben ser optimizados. Además, una buena distribución en planta debe conseguir que los movimientos de los equipos de manejo de materiales —con carga o sin ella— y de las personas, resulten tan insignificantes como sea posible.

- Equilibrar el proceso del centro de distribución. Resulta necesario que los equipos o los operarios circulen siempre con alguna carga, tanto a la ida hacia alguna localización como al regreso de la misma.

- Conseguir una alta utilización del espacio destinado a almacenamiento y preparación de pedidos.

- Permitir flexibilidad para adaptarse a cambios en el futuro.

- Atender —de manera preventiva— los riesgos que puedan generarse con la instalación.

- Lograr una alta productividad de la mano de obra y de los equipos de manejo de materiales.

- Acompañar el cumplimiento de la promesa de servicio.

Como el objetivo es minimizar la cantidad de movimientos, es prioritaria la asignación optimizada de los productos en el área de preparación de pedidos. De esta configuración resultarán las necesidades de equipos y de mano de obra, y otros requerimientos de espacios (por ejemplo, para acciones de control). La asignación de las localizaciones de productos en el área de preparación de pedidos tradicional y simplista establece que los productos A (clasificados por volumen de ventas) deben ser localizados en la parte más cercana a las puertas de salida, tal como se muestra en la figura 10.

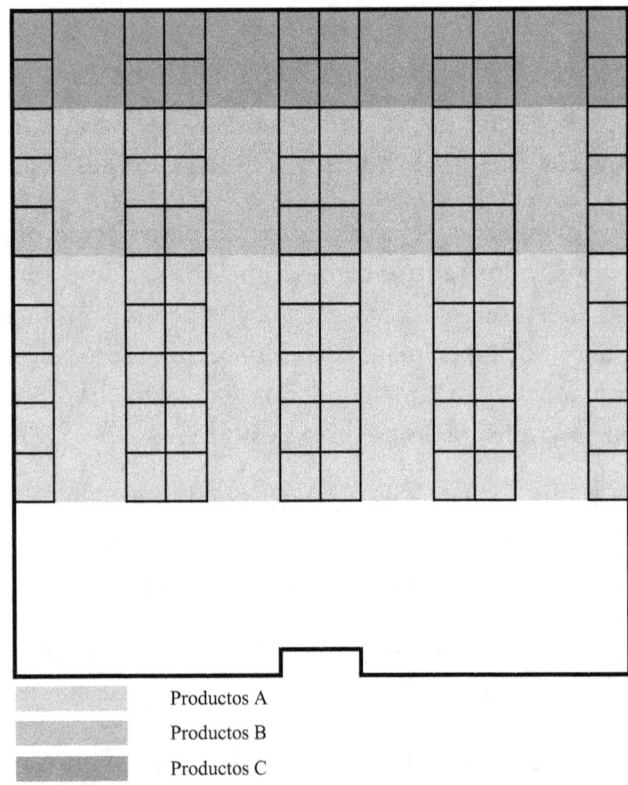

Figura 10. Localización de productos en el área de preparación de pedidos (por volumen de ventas).

Como ya se estudió, una asignación más apropiada debe ser realizada a través de un estudio de la cantidad de veces que aparecen los productos en las órdenes de pedido (véase la figura 11). Se observa que existen productos clasificados como

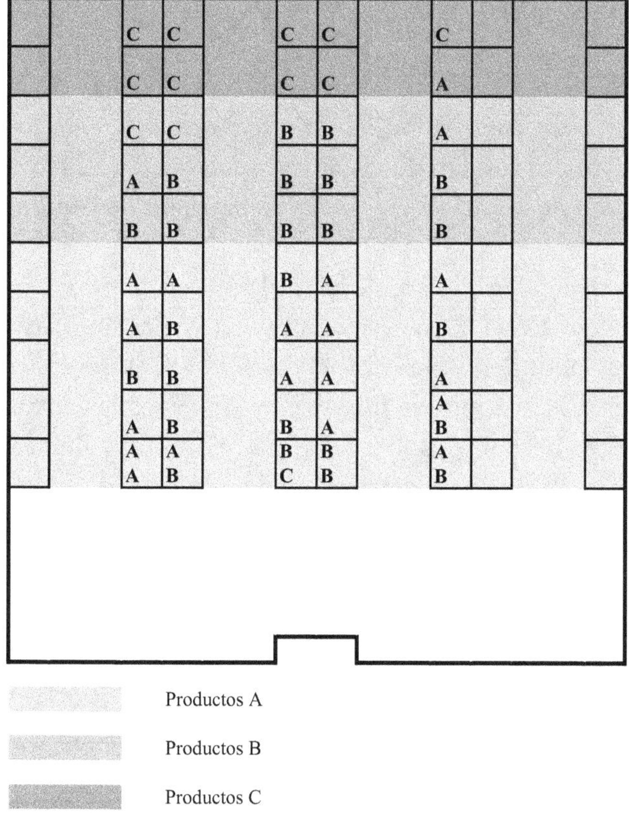

Figura 11. Localización por repeticiones en las órdenes de pedido.

C y B (por volumen de ventas) que ahora están asignados en las posiciones de privilegio dentro de la bodega, es decir, en las áreas más cercanas a la salida.

3.14 Algoritmo para ubicación de posiciones en la preparación de pedidos

El algoritmo usa criterios que se relacionan con las distancias de cada localización a los lugares de despacho, los tiempos que se consumen en cada movimiento y el costo relacionado con esos movimientos; el objetivo es minimizar el costo total de transporte *(Ct)* o los costos que deben involucrarse para realizar la preparación de pedidos. Esta optimización se puede expresar de la siguiente manera:

$$Ct = \sum_{i=1}^{n} \sum_{i=1}^{n} Mij.Dij.Cij$$

Dónde:

Mij = número de movimientos entre la localización i y la jaula de despacho j.
Dij = es la distancia entre la localización i y la jaula j.
Cij = es el costo por unidad de distancia y manejo.
n = el número de localizaciones de la preparación de pedidos.

Mij y Cij no dependen de la ubicación de las estanterías o posiciones de almacenamiento, pero Dij sí. El objetivo es buscar cuáles son esas distancias entre localizaciones que permiten minimizar el costo total del transporte.

Se podría tomar el ejemplo de una empresa que vende artículos de ferretería y que en su centro de distribución tiene cinco áreas de almacenamiento bien definidas y requiere hacer una redefinición de esas zonas para optimizar los movimientos y a su vez los costos de la operación.

El flujo de movimientos entre zonas en un período de tiempo de estudio es como se muestra en la tabla 8.

Intensidad de tráfico *(Mij)*				
a/de	A	B	C	D	E
A	0	2	4	5	15
B	3	0	2	7	9
C	4	6	0	10	12
D	2	1	2	0	4
E	1	1	2	2	0

Tabla 8. Intensidad de tráfico.

Los movimientos en ambas direcciones no son iguales; de hecho, es posible que en una dirección el operario esté cargado y en la otra no —o viceversa—, esto hace que los consumos de tráfico sean diferentes. Se puede observar que hay siete unidades de B que se dirigen a D, pero saliendo de D hay una unidad que se dirige a B. Otro aspecto que debe observarse es que no hay actividad entre cada localización, por eso la diagonal está expresada en ceros.

De la misma manera, se debe disponer de la información de distancias entre zonas; la tabla 9 ofrece la asignación de estas distancias.

Suponiendo que mover cada unidad tiene un valor de 0,08 $ (aunque este no siempre es el caso, cada unidad puede tener un costo diferente), se puede cons-

Distancia entre zonas *(Dij)*					
a/de	A	B	C	D	E
A	0	2	4	6	8
B	2	0	1	4	6
C	4	1	0	2	4
D	6	4	2	0	2
E	8	6	4	2	0

Tabla 9. Cuadro de distancias.

truir el costo de la operación actual multiplicando cada visita por su consumo de distancia, por su costo y por último sumar todos los resultados.

En la tabla 10 se ofrecen los cálculos respectivos.

Distancia entre zonas *(Dij)*					
a/de	A	B	C	D	E
A	0	2.2.8=32	4.4.8=128	5.6.8=240	15.8.8=960
B	3.2.8=24	0	2.1.8=16	7.4.8=224	9.6.8=432
C	4.4.8=128	6.1.8=48	0	10.2.8=160	12.4.8=384
D	2.6.8=96	1.4.8=32	2.2.8=32	0	4.2.8=64
E	1.8.8=64	1.6.8=48	2.4.8=64	2.2.8=32	0

Tabla 10. Cálculo de costos de desplazamientos.

De la siguiente expresión se puede concluir cuál es el costo de la operación actual.

$$Ct = 24+128+96+64+32+48+32+48+128+16+32+64+240$$
$$+224+160+32+960+432+384+64 = 3.208 \ \$$$

Para situaciones donde existan más localizaciones de almacenamiento y más puertas de salida, lo cual es muy común, estos métodos manuales pierden toda consideración, por el excesivo consumo de tiempo en su cálculo.

Es posible desarrollar modelos más complejos que definan la ubicación óptima de los productos en el área de preparación de pedidos, como se ha planteado. La idea es minimizar los costos que representa desplazarse, recoger y trasladar los productos desde esta área a la de expedición. En la siguiente sección se estudiará una ecuación que expresa el problema de optimización más complejo que involucra diversas localizaciones y puertas de despacho.

3.15   Método por frecuencia de entradas y salidas

Este método es útil cuando el almacén tiene una entrada y una salida de mercancías separadas. En esta circunstancia, los productos entran en el almacén en una unidad de carga, por ejemplo, paletizados, y salen en una unidad diferente, por ejemplo, en cajas sueltas. Las unidades de entrada y salida son de tamaños distintos, lo cual tendrá una repercusión directa en los viajes de entrada y salida. Este método es simple y consiste en relacionar el número de desplazamientos de entrada De y el de desplazamientos de salida Ds; de esta manera, mientras más grande sea la relación del número de entradas con relación a las salidas, más cerca de la entrada debe colocarse el producto y viceversa. En general, los productos que presentan una baja relación De/Ds deben ubicarse más cerca de las puertas de salida.

Se podría desarrollar un ejemplo en un almacén con desplazamientos diarios de sus seis principales productos y con una relación de entradas y salidas al almacén, tal como lo muestra la tabla 11.

Producto	Desplazamientos de entrada, De	Desplazamientos de salida, Ds	De/Ds
1	550	280	1,96
2	284	450	0,63
3	350	350	1,00
4	890	310	2,87
5	620	1200	0,52
6	340	700	0,49

Tabla 11. Relación de entradas y salidas.

Una ratio De/Ds igual a 1 quiere decir que se requieren los mismos viajes para ubicar que para retirar un producto, mientras que un valor De/Ds = 2,87 representa que los viajes de entrada son 2,87 veces mayores que los de salida. De esta manera, los productos 4 y 1 deben ubicarse en los lugares más próximos a la entrada y los productos 5 y 6 se ubicarán más cerca a la salida. Esta disposición puede verse en la figura 12.

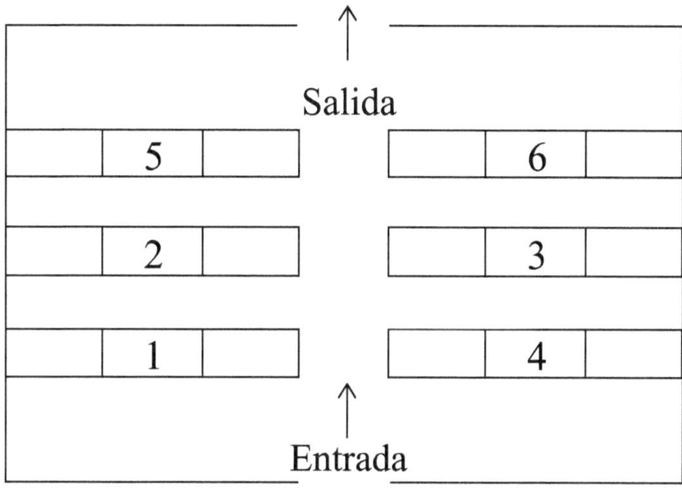

Figura 12. Asignación de productos en el almacén.

3.16 Decisiones tácticas (localización de productos en la preparación de pedidos)

En el almacenamiento de grandes cantidades de productos resulta importante realizar una distribución de cada uno de estos en las posiciones de almacenamiento disponibles, donde cada producto posee características como el nivel de ventas, las posiciones necesarias de almacenamiento para alcanzar un nivel de servicio determinado y los movimientos totales en toda la operación. Por ende, es determinante desarrollar un modelo de localización en el que se busque minimizar el costo de transportar los productos dentro del centro de distribución, variable que está en función de la distancia entre las posiciones y los muelles habilitados para carga y descarga de mercancía.

Con el escenario anterior, se puede plantear un modelo de programación lineal, que busca establecer la localización de cada producto (unidades en palé) en una posición. Un sistema normal presenta una categorización de tres tipos de productos A, B y C, los cuales se determinan por el número de visitas que reciben cada uno de estos, es decir, por repetición. Se puede suponer que la infraestructura cuenta con k muelles para recibir y despachar la mercancía y con j posiciones habilitadas para almacenar los productos.

Así se puede definir la variable binaria $x_{ijk} \in \{0,1\}$, como el producto tipo i ($i = A, B, C$) almacenado en la posición j ($j = 1, 2, 3, \ldots, n$) y transportado al muelle

k (k= *1, 2,3,…,n*). Esta variable habilitará el almacenamiento del producto tipo i (i= *A, B, C*), en la posición j (j= *1, 2,3,…, n*) para despachar en el muelle k (k= *1, 2,3,…,n*) si esta toma el valor de 1; en caso contrario, no se habilita para esta combinación. Tal y como se ha mencionado, se define la función objetivo como la sumatoria de establecer un producto en una posición multiplicado por su respectivo costo, matemáticamente se representa de la siguiente manera:

$$\text{F.O. Minimizar} \sum_{i=A}^{C} \sum_{j=1}^{n} \sum_{k=1}^{n} c_{ijk} \cdot x_{ijk} \quad i = A, B \text{ y } C; \quad j = 1,2,3,…, n; \quad k= 1,2,3,…, n$$

Donde c_{ijk} es el costo de transportar la referencia tipo i (i= A, B, C) almacenada en la posición j (j= *1, 2,3, …, n*) al muelle k (k=*1, 2, 3, …, n*) y es la variable de decisión, c_{ijk} se define de la siguiente manera:

$$c_{ijk} = \sum_{k=1}^{n} \frac{p_{ik}}{m_i} \, t_{jk}$$

Donde p_{ik} es el número de operaciones de la referencia i (i= *A, B, C*) en el muelle k (k= *1, 2,3, …,n*), *mi* es el número de posiciones requeridas para el producto i (i= *A, B, C*) y t_{jk} distancia entre la posición j (j= *1, 2,3,…,n*) al muelle k (k=*1, 2, 3,…, n*).

La anterior función objetivo está sujeta a las siguientes restricciones:

1. Todas las referencias tienen que ser almacenadas.

   Las posiciones designadas para cada tipo de producto tienen que ser igual a la necesidad $\left(m_i \right)$ de almacenamiento del producto.

$$\sum_{j=1}^{n} \sum_{k=1}^{n} x_{ijk} = m_i; \, i = A, B \text{ y } C$$

2. En una posición solo se puede almacenar un producto.

   La capacidad de almacenamiento por posición está limitada a un producto, ya que no se pueden almacenar diferentes productos en un palé.

$$\sum_{i=A}^{C} \sum_{k=1}^{n} x_{ijk} = 1; \, j = 1,2,3,…, n$$

Este es un problema típico de programación lineal que se puede resolver con la herramienta Solver del programa Excel. Para esquematizar mejor este modelo se resolverá el ejercicio planteado en las tablas 5 y 6.

Este ejercicio plantea que:

- Se debe mantener en la preparación de pedidos un total de 110 posiciones (véase la tabla 5).
- De esos 110 palés, 69 posiciones están clasificadas como A (altamente repetitivas), 23 son B (medianamente repetitivas) y 18 referencias son C (de baja repetición) (véanse las tablas 2 y 6).
- Los movimientos por día (número de vistas a las posiciones de la preparación de pedidos) son los siguientes (véanse las tablas 6 y 13):

  A = 2.024 visitas por día.
  B = 386 visitas por día.
  C = 132 visitas por día.

- Distancia de cada localización a cada muelle (véase la tabla 5).
- Distancia media recorrida por una unidad para su despacho.
- Número de puertas de carga.
- Costo por cada unidad al recorrer un metro de distancia (véase la tabla 14).

La función objetivo consistirá en minimizar el costo de las 2.465 movilizaciones necesarias para alcanzar los requerimientos de despachos en un día típico, su-

Posiciones necesarios para cada tipo de referencia			
Referencia	A	B	C
Cantidad	69	23	18

Tabla 12.

Sumatoria de movimientos por dia		
A	B	C
2024	386	132

Tabla 13.

jeto a las siguientes restricciones: que todas las referencias (110) sean almacenadas y que en una posición se almacene solo una referencia.

También se deben considerar —para la solución— los parámetros usados en el modelo que aparece en la tabla 14, y las distancias que se muestran en la tabla 15.

Parámetros						
Mano de obra		**Recursos**		**Costo de llevar una unidad**		**Distancia promedio**
Salario mensual	$ 1.200.000,00	Activos	$ 30.000.000,00	$	7.193,07	15,5875
Unidades tomadas/operario/mes	709	Unidades tomadas/mes	5.454,00	Valor por recursos metro/unidad	$	461,46
Valor/unidad	$ 1.692,52	Valor/unidad	$ 5.500,55	Número de muelles		5

Tabla 14. Parámetros para la simulación.

Distancias de posiciones a muelles					
Posiciones/ Muelle	**Muelle 1**	**Muelle 2**	**Muelle 3**	**Muelle 4**	**Muelle 5**
1	10,25	10,75	11,25	11,75	12,25
2	10	10,5	11	11,5	12
3	10	10,25	10,75	11,25	11,75
4	10,25	10	10,5	11	11,5
5	10,5	10	10,25	10,75	11,25
	10,75	10,25	10	10,5	11
	11	10,5	10	10,25	10,75
	11,25	10,75	10,25	10	10,5
	11,5	11	10,5	10	10,25
n	11,75	11,25	10,75	10,25	10

Tabla 15. Cuadro de distancias en metros.

Dados todos los datos necesarios para el modelo, los costos vienen representados en la tabla 16, y las variables de decisión utilizadas aparecen en la tabla 17.

De acuerdo con la repetición de cada producto y las distancias disponibles desde cada posición a cada puerta de salida, la solución debe determinar cuál debe ser la localización de cada referencia en el área de la preparación de pedidos, de tal manera que se obtenga una solución de mínimo costo de operación.

Costo del muelle *1 (k=1)*				Costo del muelle *n (k=n)*			
Costo *(Cij)*	S 2.707,26	S 1.548,91	S 676,81	Costo *(Cij)*	S 2.707,26	S 1.548,91	S 676,81
Referencia / Posicion	A	B	C	Referencia / Posicion	A	B	C
1	27749,39	15876,38	6937,35	1	29103,02	16650,84	7275,75
2	27072,57	15489,15	6768,14	2	28426,20	16263,61	7106,55
3	27072,57	15489,15	6768,14	3	27749,39	15876,38	6937,35
4	27749,39	15876,38	6937,35	4	27072,57	15489,15	6768,14
5	28426,20	16263,61	7106,55	5	27072,57	15489,15	6768,14
6	29103,02	16650,84	7275,75	6	27749,39	15876,38	6937,35
	29779,83	17038,06	7444,96		28426,20	16263,61	7106,55
	30456,64	17425,29	7614,16		29103,02	16650,84	7275,75
n	31133,46	17812,52	7783,36	n	29779,83	17038,06	7444,96

Tabla 16. Cuadro de costos.

Variable de decision ij y k = 1				Variable de decision ij y k = n			
Referencia / Posicion	A	B	C	Referencia / Posicion	A	B	C
1	1	0		1	0	0	0
2	1	0	0	2	0	0	0
3	1	0	0	3	0	0	0
4	0	0	0	4	1	0	0
5	0	0	0	5	1	0	0
6	0	0	0	6	0	0	0
	0	0	0		0	0	0
	0	0	0		0	0	0
	0	0	0		0	0	0
n	0	0	0	n	0	0	0

Tabla 17. Variables de decisión para la simulación.

El resultado arrojado por el modelo establece el área para la ubicación de productos A, B y C según su repetición (véase la tabla 18). Y la asignación de cada producto en el área de preparación de pedidos viene dada según la tabla 19.

Si existiere suficiente espacio en el área de preparación de pedidos (situación que no es frecuente encontrar), se sugiere que se haga solo un reabastecimiento al día. Si este fuera el caso, para el ejercicio que nos ocupa, el número de palés a mantener en el área de preparación de pedidos se duplicaría de 110 a 220 palés.

Distribución de posiciones por tipo de referencia

| P100 | P89 | P78 | P67 | P56 | P45 | P34 | P23 | P12 | P1 |
| P101 | P90 | P79 | P68 | P57 | P46 | P35 | P24 | P13 | P2 |

| P102 | P91 | P80 | P69 | P58 | P47 | P36 | P25 | P14 | P3 |
| P103 | P92 | P81 | P70 | P59 | P48 | P37 | P26 | P15 | P4 |

| P104 | P93 | P82 | P71 | P60 | P49 | P38 | P27 | P16 | P5 |
| P105 | P94 | P83 | P72 | P61 | P50 | P39 | P28 | P17 | P6 |

| P106 | P95 | P84 | P73 | P62 | P51 | P40 | P29 | P18 | P7 |
| P107 | P96 | P85 | P74 | P63 | P52 | P41 | P30 | P19 | P8 |

| P108 | P97 | P86 | P75 | P64 | P53 | P42 | P31 | P20 | P9 |
| P109 | P98 | P87 | P76 | P65 | P54 | P43 | P32 | P21 | P10 |

| P110 | P99 | P88 | P77 | P66 | P55 | P44 | P33 | P22 | P11 |

Muelle 1

Muelle 2

Muelle 3

Muelle 4

Muelle 5

Tabla 18. Distribución de posiciones por tipo de referencia.

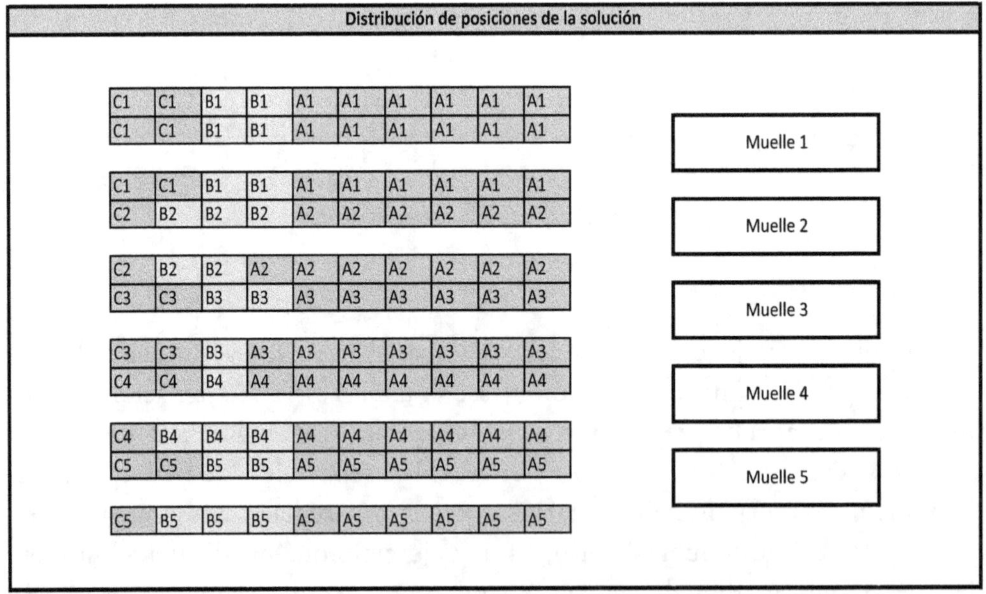

Distribución de posiciones de la solución

| C1 | C1 | B1 | B1 | A1 | A1 | A1 | A1 | A1 | A1 |
| C1 | C1 | B1 | B1 | A1 | A1 | A1 | A1 | A1 | A1 |

| C1 | C1 | B1 | B1 | A1 | A1 | A1 | A1 | A1 | A1 |
| C2 | B2 | B2 | B2 | A2 | A2 | A2 | A2 | A2 | A2 |

| C2 | B2 | B2 | A2 | A2 | A2 | A2 | A2 | A2 | A2 |
| C3 | C3 | B3 | B3 | A3 | A3 | A3 | A3 | A3 | A3 |

| C3 | C3 | B3 | A3 | A3 | A3 | A3 | A3 | A3 | A3 |
| C4 | C4 | B4 | A4 | A4 | A4 | A4 | A4 | A4 | A4 |

| C4 | B4 | B4 | B4 | A4 | A4 | A4 | A4 | A4 | A4 |
| C5 | C5 | B5 | B5 | A5 | A5 | A5 | A5 | A5 | A5 |

| C5 | B5 | B5 | B5 | A5 | A5 | A5 | A5 | A5 | A5 |

Muelle 1

Muelle 2

Muelle 3

Muelle 4

Muelle 5

Tabla 19. Distribución de posiciones de la solución.

Otra información adicional debe ser considerada para una adecuada estratificación de los productos. A continuación, se detalla información adicional para hace un perfil completo de la operación.

En la figura 13 se presenta el histograma de frecuencias de las referencias por pedido; asimismo, muestra que el 89,87 % de los pedidos tiene menos de 20 referencias y que el 99,98 % tiene menos de 55 referencias. Esta información es supremamente valiosa y dice que este portafolio no reviste mucha complejidad para las operaciones en la preparación de pedidos.

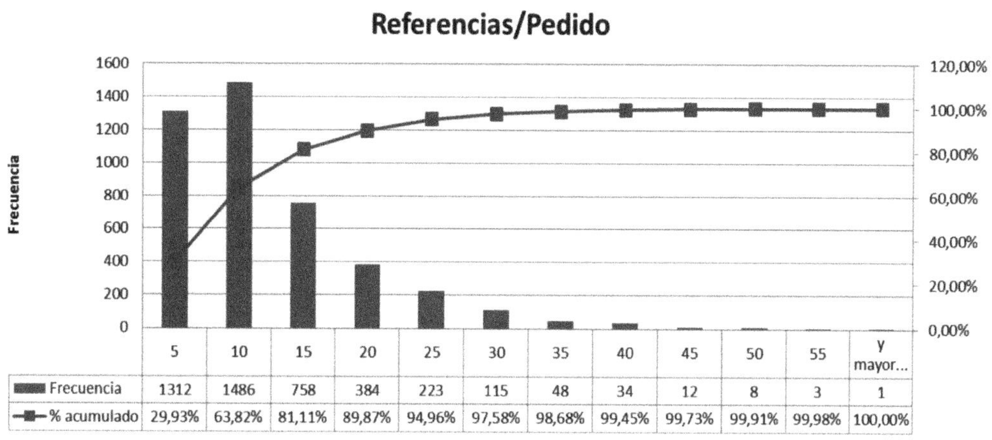

	5	10	15	20	25	30	35	40	45	50	55	y mayor...
Frecuencia	1312	1486	758	384	223	115	48	34	12	8	3	1
% acumulado	29,93%	63,82%	81,11%	89,87%	94,96%	97,58%	98,68%	99,45%	99,73%	99,91%	99,98%	100,00%

Figura 13. Histograma de frecuencias de referencias por pedido.

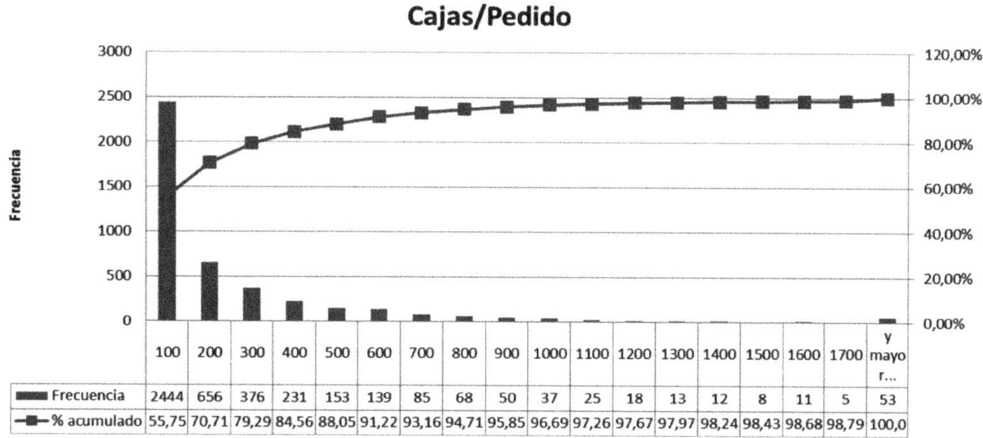

	100	200	300	400	500	600	700	800	900	1000	1100	1200	1300	1400	1500	1600	1700	y mayor...
Frecuencia	2444	656	376	231	153	139	85	68	50	37	25	18	13	12	8	11	5	53
% acumulado	55,75	70,71	79,29	84,56	88,05	91,22	93,16	94,71	95,85	96,69	97,26	97,67	97,97	98,24	98,43	98,68	98,79	100,0

Figura 14. Histograma de frecuencias de cajas por pedidos.

La figura 14 se refiere a que el 84,56 % de los pedidos tienen menos de 400 cajas; también dice que el 95 % de los pedidos tiene menos de 800 cajas. De nuevo, se observa una operación sin complejidades.

Por último, en las figuras 15 y la tabla 20 aparecen los datos de líneas y metros cúbicos por día.

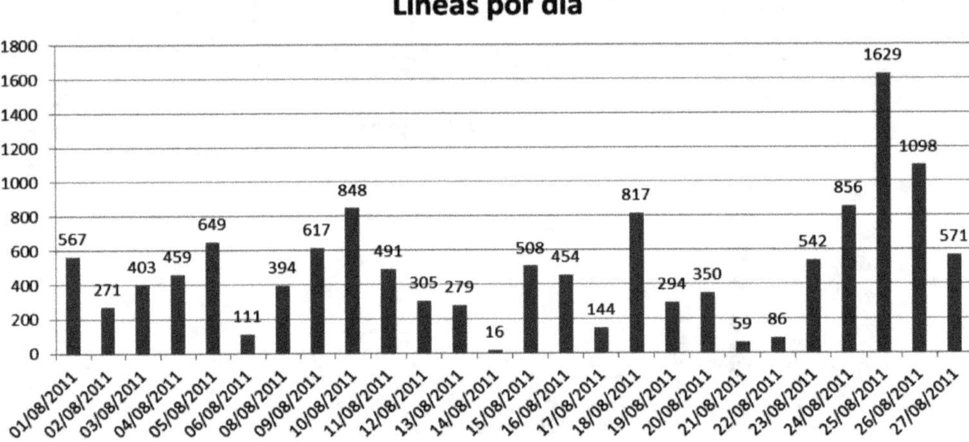

Figura 15. Perfil de líneas por pedido para un mes típico.

Líneas por día	
Media	493
Error típico	69
Mediana	457
Desviación estándar	354
Varianza de la muestra	125340
Curtosis	3
Coeficiente de asimetría	1
Rango	1613
Mínimo	16
Máximo	1629
Suma	12818
Cuenta	26

Tabla 20. Estadísticas para una serie de datos.

3.17   Buscando productividad en la preparación de pedidos

A continuación, se sugieren algunas de las acciones que pueden ser muy útiles para incrementar la productividad en la preparación de pedidos:

- Identificar adecuadamente las localizaciones de cada producto. Si el área de preparación de pedidos es oscura y las localizaciones no son fácilmente identificables, los operarios pueden sufrir confusiones que retardarán la operación de recogida de la orden y causarán una demora en el ciclo de atención de la orden de pedido.
- Establecer un sistema de reposición de la preparación de pedidos. Esta área cuenta con tamaño y funcionalidad restringidos; por este motivo, es recomendable establecer correctamente la cantidad de unidades de cada producto debe permanecer allí y cuál es su punto de reposición. Un sistema automatizado permitirá saber en qué instante se debe generar una orden de reposición para cada referencia. En ocasiones se agotan las existencias en el área de preparación de pedidos, lo que ocasiona que los pedidos se despachen con faltantes de productos. Se debería garantizar que las unidades disponibles sean suficientes para un día o un turno de trabajo.
- Siempre hay que tener los pasillos o corredores de esta área despejados. Las cajas, los residuos, los palés o la suciedad en el suelo son obstáculos que disminuyen la velocidad de las operaciones en la preparación de pedidos.
- Establecer revisiones del perfil del pedido periódicamente. Frecuentemente, productos que antes estaban clasificados como tipo C pasan a ser productos tipo B o A. Además, los productos cambian de margen y de volumen de ventas, por lo que es recomendable realizar una revisión con frecuencia.
- Colocar las familias de productos juntas. Los pedidos se pueden hacer por familias, marcas o grupos de productos con cierta afinidad. Resulta importante establecer cuáles de estos productos siempre irán ordenados juntos para colocarlos del mismo modo en la preparación de pedidos.
- Es posible hacer clasificaciones ABC por familias de producto y luego, para cada familia, realizar una clasificación ABC a nivel de producto.
- Colocar el producto al nivel de la cintura del operario; esto permitirá una mayor agilidad en la atención de la orden.
- Desechar el papel, este es enemigo de la productividad en la preparación de pedidos. Un sistema de radiofrecuencia o de recogida gobernados por la voz, podría ser una opción muy rentable.
- Resulta indispensable que los productos más repetidos en las órdenes estén más cerca de los muelles o las puertas de embarque. Asimismo, conviene re-

cordar que la actividad en esta área no se relaciona necesariamente con el volumen, sino con la repetitividad de las visitas a la ubicación de almacenamiento.

- Acercar la mercancía a los operarios en operaciones complejas y veloces como la preparación de libros, partes de aparatos electrónicos y repuestos. Es imprescindible que el producto llegue al operario y no lo contrario.
- Tener los equipos de manipulación adecuados. Cuando el área de recogida se encuentra en diferentes niveles es indispensable contar con un sistema de transporte de mercancías mediante elementos mecánicos *(conveyors)* para que traslade los productos entre las plantas y a los primeros niveles y áreas de embarque.
- Mantener un adecuado inventario de palés, canastas o recipientes de recogida para evitar interrupciones en la operación por falta de estos elementos.
- Estimar el costo de preparación de las órdenes, justo hasta que son puestas para cargar el vehículo de transporte.
- Elaborar indicadores de gestión que permitan monitorear la actividad en la preparación de pedidos y su productividad.
- Capacitar al personal y compartir con él los resultados del servicio.
- Controlar el peso de los pedidos, ayudará a mitigar la pérdida desconocida.
- Utilizar la tecnología adecuada para la gestión de esta área.
- Es conveniente que el sistema de gestión de almacenes (SGA) permita controlar la volumetría para facilitar el uso de recipientes adecuados.

Por último, se deben emplear como mínimo los siguientes indicadores de gestión para el área de recogida:

- Productividad de la fuerza de trabajo, medida en términos del número de pedidos preparados por persona y número de pedidos preparados por hora.
- Número de metros cúbicos o unidades movidas por hora y por persona.
- Costos de preparación de una orden de pedido.
- El porcentaje de ocupación de las localizaciones en el área de preparación de pedidos.
- Roturas de *stock* en el área de preparación de pedidos por faltas de reposición habiendo inventario en el área de almacenamiento.
- Exactitud en la preparación del pedido, número de pedidos sin problemas contra el número total de pedidos ordenados.
- Ciclo del pedido, contado desde el momento que llega la tarea de recolección a los operarios hasta que el pedido está completamente embalado y listo para ser cargado en el vehículo de transporte.

Capítulo 4
Pronosticar las operaciones

Del mismo modo que se pronostican los volúmenes de producto a vender, período a período, así se debe realizar en la gestión de la distribución. Como primer paso, es conveniente conocer la concentración de las operaciones por períodos, como una semana, por ejemplo. La problemática del efecto de concentración de las ventas en las últimas semanas de un cierre puede conllevar cargas de trabajo elevadas, y poca carga en las demás épocas. En la figura 16 se representa este efecto.

Resulta evidente que a principios del mes la necesidad de recursos es baja, a diferencia de la última semana, en la cual los recursos necesarios son elevados. En la figura 16 se muestra el patrón típico, semana a semana, información que sería

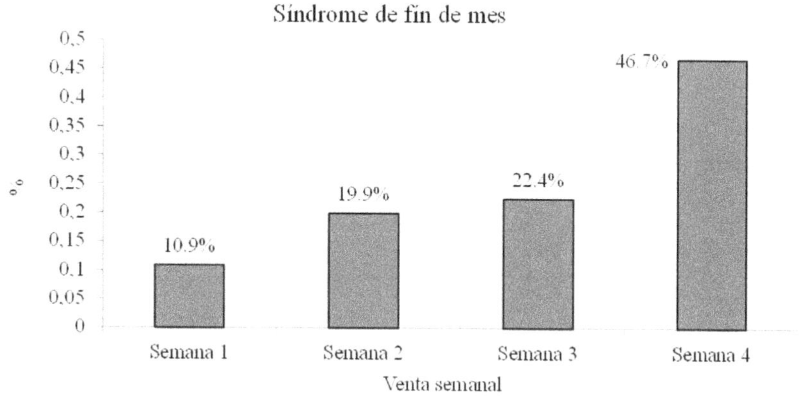

Figura 16. **Síndrome de fin de mes.**

conveniente utilizar para programar las operaciones. Esta programación deberá tener en cuenta una base de recursos que alcance a cubrir las necesidades promedio de las tres primeras semanas y, así, en la cuarta semana —donde se presenta la alta concentración— elevar los recursos proporcionalmente a los requerimientos y tercerizar las operaciones o, si se prefiere, hacer contrataciones temporales de personal para cubrir estos picos de actividad. Otra opción consistiría en hacer turnos de trabajo extendidos en las últimas semanas y después compensar esos turnos con días de descanso, en la primera o en la segunda semana, que se caracterizan por cargas de trabajo más bajas. No obstante, la mejor solución consiste en eliminar el síndrome de final de mes.

4.1 Declaración de los efectos en servicio y costo para las empresas proveedora y cliente

Retomando el ejemplo de Confites Pomar, esta empresa presenta una situación de concentración de las ventas; se ha obtenido la curva de operaciones de la empresa en un mes típico, y se puede observar cómo aparece en la figura 17.

Una concentración fuerte de las ventas en la última semana (barras oscuras) y una concentración fuerte de los despachos en la primera semana del mes siguiente (barras claras), generan faltantes en el consumo de los recursos logísticos en unas

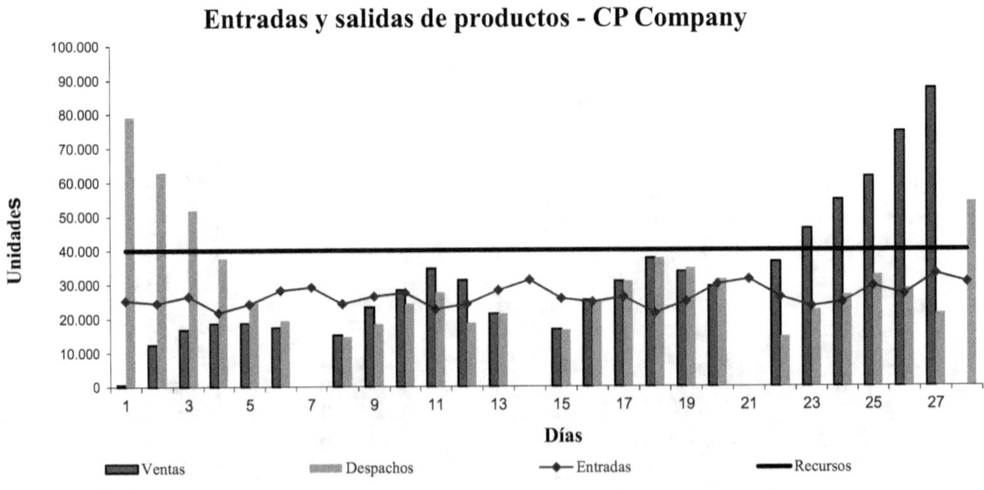

Figura 17. Entradas y salidas de productos para CT Company.

épocas y excesos en otras. Resulta evidente la brecha entre estas curvas y la de recursos. En definitiva, este desequilibrio genera excesos de recursos y sobrecostos para la operación.

El efecto sobre el servicio es evidente: ventas hechas el fin de semana de cierre se entregan hasta el viernes de la semana siguiente y la disponibilidad de productos y tiempos de entrega quedan afectados. En lo relacionado con los costos, si supone que la curva de color oscuro es el promedio de recursos con los que Confites Pomar cuenta para atender las operaciones, es evidente también cómo en la última semana del mes no alcanzan a realizarse los despachos conforme se vende. Asimismo, es necesario que en la primera semana del mes siguiente se haga un gran esfuerzo para ponerse al día con las entregas; lo más seguro es que sea necesario contratar equipos y personal extra y pagar altos costos de transporte para ejecutar las entregas con rapidez. En algunos casos, el cliente además pide que se le guarde la mercancía varios días porque no tiene espacio en su propio almacén, incurriendo en costos de almacenaje extras, en el mejor de los casos. El peor escenario ocurre en el momento en que el cliente no informa de sus limitaciones operativas y cuando llega la empresa proveedora con la mercancía, el cliente la rechaza (no la recepciona) porque no tiene espacio físico donde guardarla. Ante perfiles de necesidades tan diferentes se evidencia una brecha entre los recursos disponibles y los necesarios; este hueco puede observarse en la figura 17 como el espacio comprendido entre las curvas oscura y clara, allí en unas ocasiones se generan excesos de capacidad y, en otras, faltantes de capacidad que se deben conseguir externamente en tiempo extra o con tarifas adicionales.

En el mundo perfecto donde las ventas puedan aplanarse como las representadas en la figura 18, las consecuencias positivas podrían verse como en la figura 19, donde se observa una reducción apreciable de la brecha entre necesidades y capacidades.

Resulta importante pronosticar las operaciones por días, ya que es sabido que las operaciones en los centros de distribución no ocurren de manera estable: un lunes es muy diferente a un viernes y, a su vez, un lunes de cierre de mes es muy diferente a un lunes de la segunda semana de ventas. Por ello, la tarea de confeccionar la tabla 21 para planear la necesidad de recursos se hará por día y dependerá de la semana de ventas.

Los datos expresan que en un sábado de la semana 2 se enviarán en promedio 2.632 unidades, con una desviación estándar de 709 y variabilidad del 27 %. Gráficamente puede observarse en la figura 20.

Ahora, supongamos que los datos de la tabla 22 representan los movimientos diarios en la semana 2 del mes analizado. Con los análisis anteriores se pueden

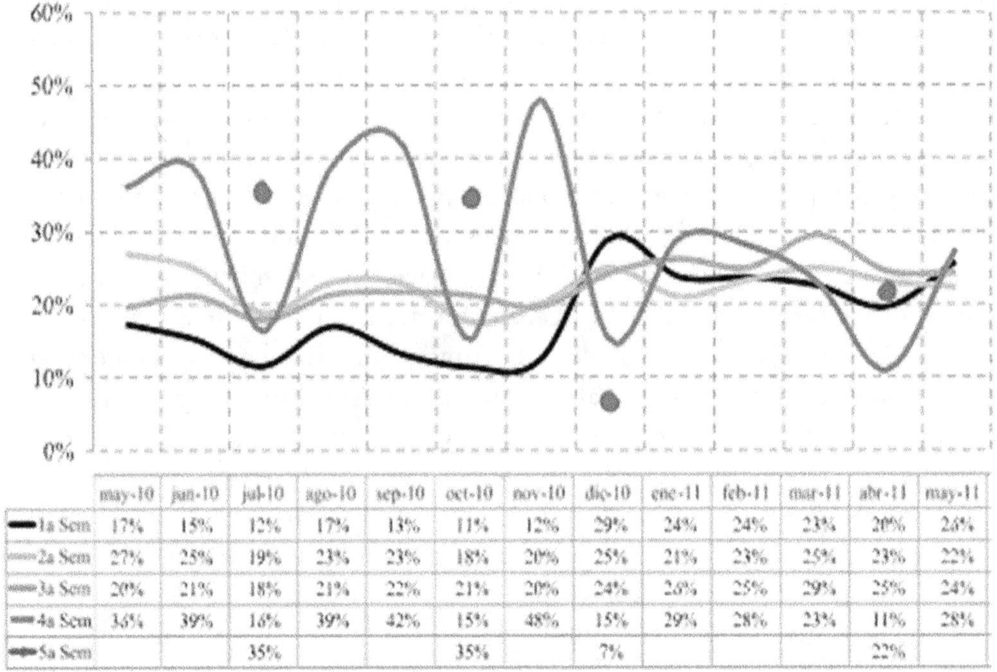

	may-10	jun-10	jul-10	ago-10	sep-10	oct-10	nov-10	dic-10	ene-11	feb-11	mar-11	abr-11	may-11
1a Sem	17%	15%	12%	17%	13%	11%	12%	29%	24%	24%	23%	20%	26%
2a Sem	27%	25%	19%	23%	23%	18%	20%	25%	21%	23%	25%	23%	22%
3a Sem	20%	21%	18%	21%	22%	21%	20%	24%	26%	25%	29%	25%	24%
4a Sem	36%	39%	16%	39%	42%	15%	48%	15%	29%	28%	23%	11%	28%
5a Sem			35%			35%		7%				22%	

Figura 18. **Mejora del ciclo de ventas.**

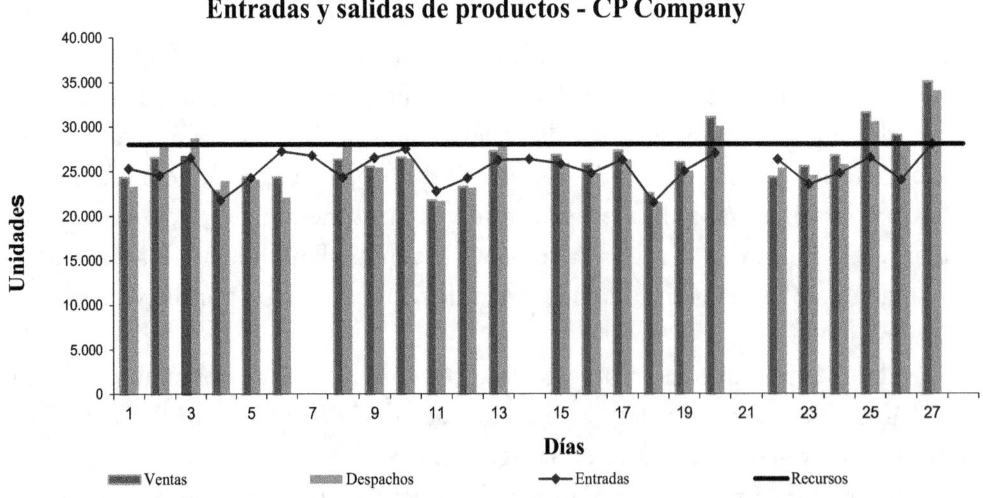

Figura 19. **Reducción de la brecha entre necesidades y capacidades.**

Datos	Sábados
07-jul-21	2405
14-jul-21	2310
21-jul-21	2214
28-jul-21	2366
04-ago-21	2621
11-ago-21	2921
18-ago-21	1205
25-ago-21	3562
01-sep-21	3009
08-sep-21	3247
15-sep-21	2828
22-sep-21	3372
29-sep-21	3769
06-oct-21	2397
13-oct-21	1186
20-oct-21	2431
27-oct-21	2893

Tabla 21. Historia de despachos en unidades para un sábado de la semana 2 de ventas.

Unidades Despachadas un Sábado

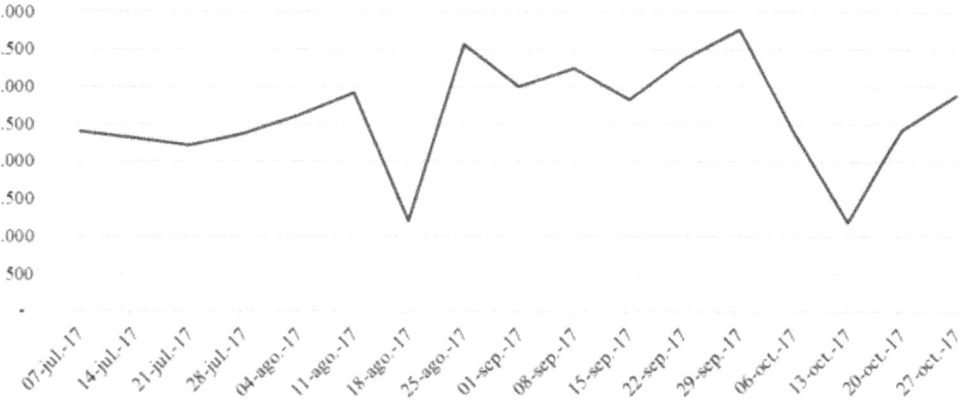

Figura 20. Despacho promedio, sábado de la semana 2.

Semana 2	Prom./día	Máx. p*alés*/día	Prom. ud./día	Máx. ud./día	Prom./día	Máx. líneas/día
Día	390	1.146	10.501	23.862	1.128	2.670
Lunes	227	350	1.993	2.855	1.368	2.310
Martes	189	450	2.119	3.862	1.408	2.494
Miércoles	270	371	957	1.573	1.201	2.347
Jueves	310	456	2.688	2.563	1.430	2.285
Viernes	337	405	1.841	2.886	1.401	2.670
Sábado	313	343	1.502	2.365	1.316	2.217
Domingo	111	231	953	2.081	182	1.412

Tabla 22. Movimientos del centro de distribución en la semana 2. (Los datos son ficticios.)

Semana 2	Volumen esperado	Desviación probable	Cantidad vehículos	Desviación vehículos	Cantidad personas	Cantidad de carretillas
Lunes	2.324.00	259	33	4	25	4
Martes	2.350.98	277,5	34	4	27	4
Miércoles	2.427.39	304,78	35	4	22	5
Jueves	2.452.67	264,29	35	4	16	3
Viernes	2.585.00	389,74	37	6	23	4
Sábado	2.440.43	640,57	35	9	28	4

Tabla 23. Pronóstico de operaciones.

hacer pronósticos de necesidades de recursos por día, tal como se muestra en la tabla 23. Nótese cómo en ella se representa una valiosa herramienta para planear las operaciones futuras; es importante recordar que se debe hacer este ejercicio para cada semana y que cada una puede ser muy diferente de otra. Por último, cuando termine un mes, se deben guardar los datos, pero dejarlos a un lado a la hora de elaborar de nuevo el proceso, pues no es conveniente trabajar con datos de períodos demasiado antiguos.

Capítulo 5

Definir perfiles de operación y evaluarlos constantemente

Un perfil de operación permite identificar cuál es el elemento básico que afecta a la productividad de un proceso. Para explicar este punto supongamos que la compañía de rejillas J&S ha establecido que los picos de movimientos de productos en su centro de distribución crean distorsiones y complicaciones aguas abajo de la distribución, lo que se traduce en mayores costos operativos e incumplimiento hacia los clientes. La compañía observa que hay ciertas horas, días y semanas en que las operaciones no son congruentes. Por ejemplo, en su centro de distribución, un lunes a las 6:00 h, se aprecia una ausencia de operaciones; en cambio, un viernes a las 15:00 h, se observa un ambiente de trabajo intenso, no hay suficiente personal, no se cuenta con las carretillas necesarias y los pedidos están en proceso de expedición. La figura 21 representa el perfil de operaciones de una actividad de despachos en una semana típica; en dicha gráfica, se observa cómo la línea horizontal representa los recursos disponibles (los insumos típicamente son constantes durante toda la semana) y la línea que se asemeja a una distribución de Poisson representa las necesidades o la ejecución real de las operaciones, y excede los recursos disponibles, hecho que genera faltantes y sobrantes de capacidades algunos días.

De la misma manera, estos desequilibrios suceden día a día. En la figura 22 se representa el perfil de las operaciones para un día típico; allí se observa cómo la línea horizontal expone los recursos disponibles (los insumos típicamente son constantes durante todo el día) y la línea que se asemeja a una distribución normal, las necesidades o la ejecución real de las operaciones, excede los recursos disponibles generando faltantes y sobrantes de capacidades en ciertas horas

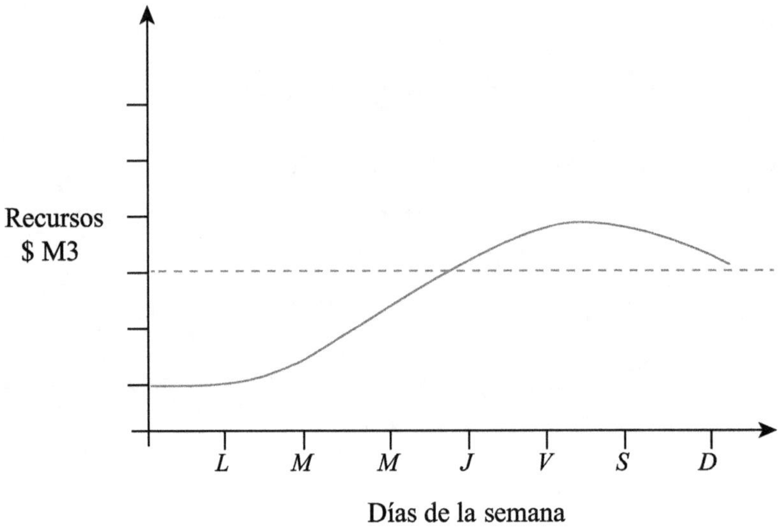

Figura 21. Perfil de operaciones por día.

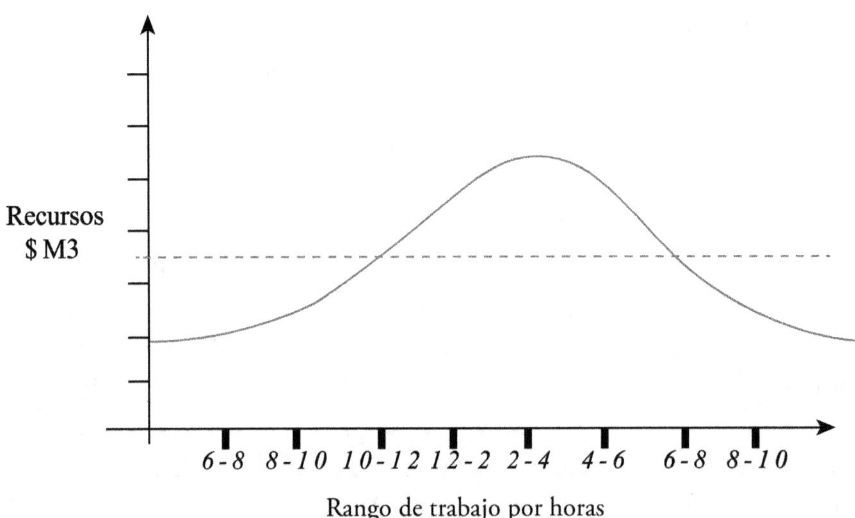

Figura 22. Perfil de operaciones por día.

del día. La figura 23 presenta los movimientos de entrada y salida de productos para J&S.

La experiencia confirma que la única manera de gestionar estos altibajos en la operación es conociéndolos, ya que así surgen siempre opciones para minimizarlos. A continuación se utilizarán las operaciones de J&S y se definirán algunas pautas de acción que pueden ser útiles para corregir el problema.

En la figura 24 se observa el perfil de la operación para un día típico en las operaciones de J&S. Como era de suponer, hay una concentración entre las 10:00

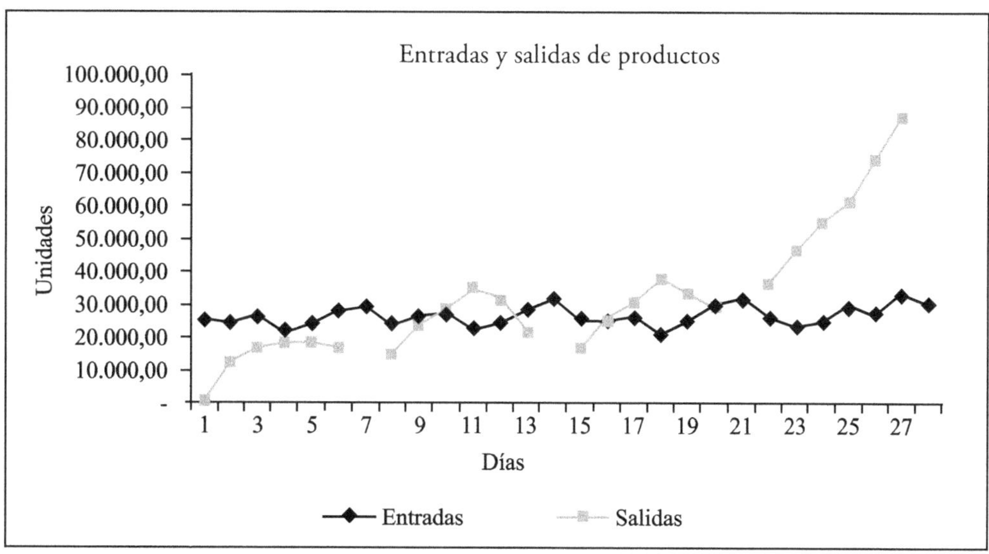

Figura 23. Entradas y salidas de productos para J&S.

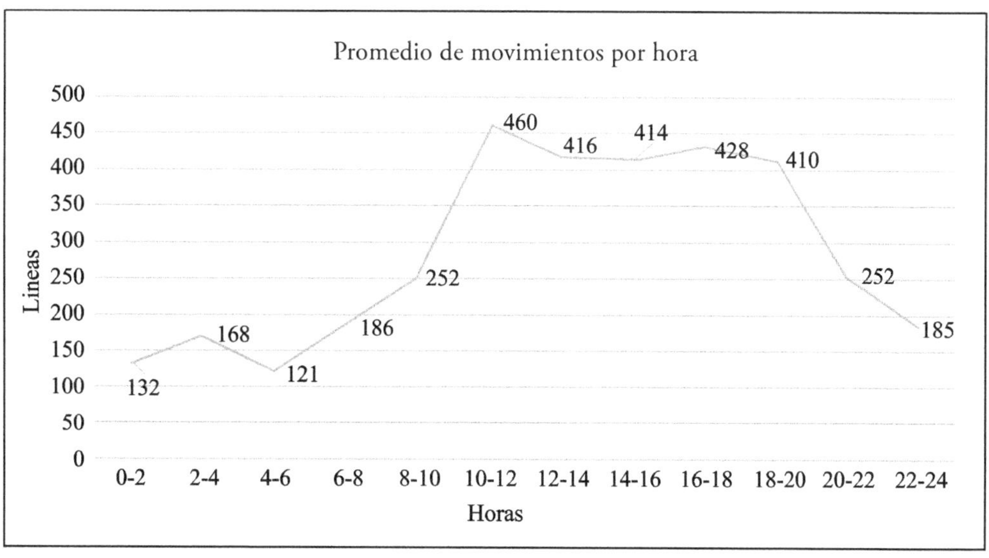

Figura 24. Picos de operación para J&M.

h y las 18:00 h, y muy pocas operaciones en las cuatro primeras horas de la mañana.

Si, por ejemplo, los recursos para satisfacer las necesidades de operación para J&S están planeados para atender 300 labores, todos los recursos como elementos de manutención, operarios, etc., están subordinados a esa capacidad. Evidentemente, de las seis a las diez de la mañana y de las seis de la tarde a las diez de la noche, hay una subutilización de esos recursos, mientras que en el resto de horas hay una excesiva carga de trabajo que los recursos no alcanzan a cubrir.

Sucede igual cuando se hace el análisis para cada día de la semana. Como se puede ver en la figura 25, los lunes representan un bajo movimiento y, por ende, hay baja utilización de recursos; por el contrario, la concentración mayor ocurre el viernes. Entonces, ¿qué debe hacer J&S para optimizar los recursos? Hay varias opciones: una consiste en mantener el nivel de 300 como capacidad de los recursos y realizar subcontrataciones de equipos y personas por horas para cubrir los picos. Sin embargo, esto puede no ser posible en algunos países donde la legislación laboral no permite contratar personal por horas. Otra opción es que se solapen los turnos. Si, por ejemplo, estos se planean de 6:00 a 14:00 h, y de 14:00 a 22:00 h, es posible plantear el primer turno con doce personas, un turno adicional de 10:00 a 18:00 h con treinta personas y el tercer turno con

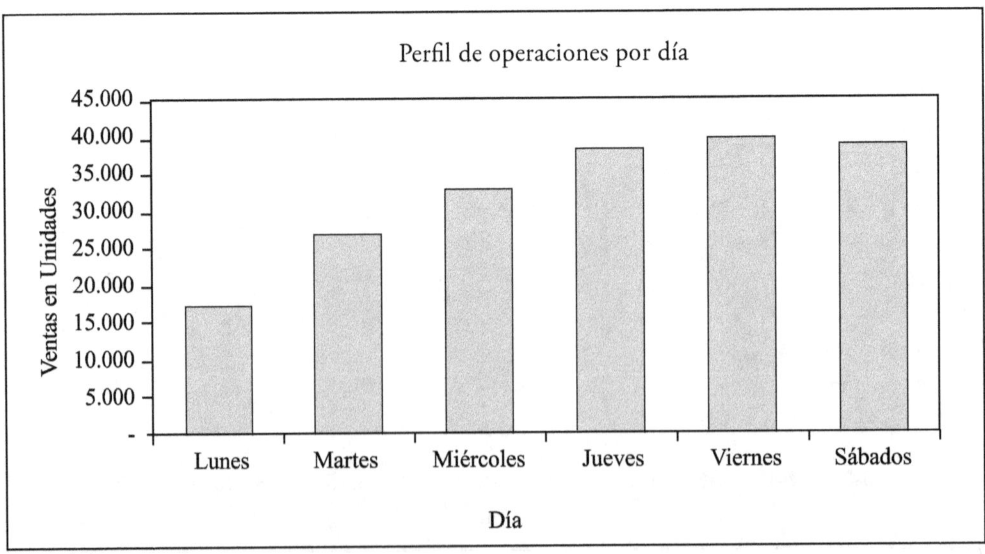

Figura 25. **Perfil de operaciones por día para J&S.**

doce personas, con lo cual se habrá incluido un turno en el espacio de tiempo donde la operación es mayor. Si esto se logra, se necesitará menor cantidad de personas y de recursos técnicos, pues se habrán eliminado tiempos muertos en las operaciones.

Otra opción consistiría en una programación más adecuada de recursos y trabajo colaborativo con los clientes para coordinar la recepción y despacho de los pedidos.

Capítulo 6
Planificación de las operaciones

La falta de planificación de las operaciones ocasiona desperdicios. Una planta de producción debe planificar las cantidades a fabricar de acuerdo con un sistema de gestión de demanda. Así, en un centro de distribución también es imprescindible conocer la programación de las operaciones para regular el uso de los recursos.

El volumen de actividades en el centro de distribución está gobernado por la velocidad del flujo de entrada y salida de unidades por unidad de tiempo *(throughput)*.[3] Un parámetro que es especialmente importante en los días y horas en que la operativa es más activa. Permite obtener el nivel de operaciones a cubrir cada hora, y de estas necesidades se desprenden los requerimientos de materiales y mano de obra que serán necesarios. Así, es posible obtener una planificación del volumen de trabajo para cada período de tiempo: semanas, días u horas.

A continuación, se estudiará un modelo determinístico que permitirá definir ese flujo y evaluar las consideraciones que en la realidad suceden en las operaciones.

Todos los modelos determinísticos usados en esta obra están consignados en una herramienta que se ha denominado ***Tool book.***[4] Consiste en una hoja de cálculo que contiene en cada pestaña una herramienta específica para analizar, gestionar y mejorar un subproceso o tema específico.

---

[3] Este concepto fue introducido por Eliyahu Goldratt, autor del libro *La meta, un proceso de mejora continua.* Monterrey (México), Ediciones Castillo.

[4] Este recurso acompaña este libro y puede encontrase en www.margebooks.com en la página dedicada a este libro.

Herramienta logística

En **Tool book,** hoja *Throughput* se encuentra el modelo determinístico para el cálculo del flujo de operaciones.

Este modelo permite definir el flujo de operaciones que entra y sale del centro de distribución. Utiliza las entradas y salidas por hora en una operación constante o en una regida por picos de despachos. Cambiar únicamente las celdas que están en negrita.

6.1 Cálculo del *throughput* del almacén

A continuación, se estudiarán una serie de ecuaciones que permitirán obtener el cálculo del *throughput* y tomarlo como base para planificar las necesidades de los recursos necesarios, en equipos y mano de obra, para soportar el flujo de operaciones. En la tabla 24 se pueden observar los cálculos obtenidos del modelo determinístico.

Sea

$$St = Sv + So \tag{3}$$

$$Et = Ep + Eo \tag{4}$$

Donde:

St = salidas totales.
Sv = salidas por ventas.
So = salidas a otros centros de almacenamiento.
Et = entradas totales.
Ep = entradas de producción.
Eo = entradas de otros centros de producción o compras.

Sea

$$Tin = \frac{Et}{de} Or \tag{5}$$

y

$$Tout = \frac{St}{de} Oe \tag{6}$$

Cálculos con pico o sin picos		2	Incluyendo picos							
Turnos de entrada de planta		3		1						
Turnos de salida de almacén		2		2						
Horas de trabajo/turno		7,5		32	Crecimiento/año	2,0%	4,0%	4,5%	6,0%	5,0%
Unidades/mes					Hoy	Total año 1	Total año 2	Total año 3	Total año 4	Total año 5
Cantidad de SKU	Toneladas				9.845	10.210	10.619	11.096	**11.762**	12.350
Salidas totales palés/mes		55	'16=(3+4+6)	16	7.150	**7.293**	**7.585**	**7.926**	**8.402**	**8.822**
Salidas / Ventas		55		3	1.250	1.275	1.326	1.386	1.469	1.542
Salidas a otras partes		55		4	5.900	6.018	6.259	6.540	6.933	7.279
Inventario para días diseño				6						
Entradas totales			(7+8)		7.464	**7.613**	**7.918**	**8.274**	**8.771**	**9.209**
Entradas de otras partes				7	314	320	333	348	369	387
Producción				8	7.150	7.293	7.585	7.926	8.402	8.822
Capacidad del CD	Palés/mes			9		5.000	5.000	5.000	5.000	5.000
Días de cobertura	Días			10						
Días de entrega/semana	Días/semana			11		5,5	5,5	5,5	5,5	5,5
Días de entrega por mes	1/año	22		12	22	22	22	22	22	22
Inventario	Palés		'(16/12)*10			3.978	4.137	4.323	4.583	4.812
Tiempo de operación de embarque	Horas/día			13		15,0	15,0	15,0	15,0	15,0
Tiempo de operación de recibo	Horas/día			14		22,5	22,5	22,5	22,5	22,5
Throughput/Hora o *ut* para almacén	Palés/hora		'(16/12)*13			**22,1**	**23,0**	**24,0**	**25,5**	**26,7**
Throughput/Hora *in* almacén	Palés/hora		30='(16/12)*14			**14,7**	**15,3**	**16,0**	**17,0**	**17,8**
***Throughput* total bodega sin picos**	Palés/hora			17		**37**	**38**	**40**	**42**	**45**
Cálculo del pico										
Ventas la última semana				18		40%	40%	40%	40%	40%
Ventas en los últimos días de concentración de la venta						65%	65%	65%	65%	65%
Recargo de despacho (en días)				19		5,33	5,33	5,33	5,33	5,33
Pocentaje a despachar en la ventana horaria				31		85%	85%	85%	85%	85%
Ventana horaria				20		6	6	6	6	6
Palés en el pico semanal			21='16*18	21		2.917	3.034	3.170	3.361	3.529
Palés en el pico / día			22='21/19	22		356	370	387	410	430
Palés *out* en el pico			23='22*31/20	23		50	52	55	58	61
Palés *in* en el pico				30		14,7	15,3	16,0	17,0	17,8
Total pallets saliendo			24='23+30	24		65,1	67,7	70,8	75,0	78,8
Throughput total Incluyendo picos	Palés/hora		25='17+24	25		**65**	**68**	**71**	**75**	**79**

Tabla 24. Cálculo del *throughput*.

Donde:

T-in = *throughput* entrante.
T-out = *throughput* saliente.
de = días de entrega por mes.
or = horas de operación de recibo.
oe = horas de operación de despacho.

Por último, sea:

$$Tt = (\text{T-}in+\text{T-}out)\,(1+p) \tag{7}$$

Donde:

Tt = *throughput* total.
p = pico de operación, en porcentaje.

6.2   Cálculo del número de personas

Si partimos de los resultados obtenidos anteriormente del flujo de productos por hora, es posible calcular el número de personas necesarias para la operación usando la siguiente ecuación.

$$Np = Tt^{*}t \tag{8}$$

Donde:

Tt = el *throughput* total necesario *(in* y *out).*
t = el tiempo promedio requerido para hacer las operaciones de movimiento de un palé.

En la tabla 25, que hace parte del modelo determinístico con el que se calculó el *throughput,* se observan los datos y variables necesarios para obtener las necesidades de mano de obra.

Con la tabla 26 se puede obtener información referente a las capacidades actuales de personal relacionadas con el requerimiento planeado.

Necesidades de recursos humanos

Necesidades del *trhoughput* por hora

Trhoughput necesario (palés/hora)	Palés/hora	26='17+24		65,13
Tiempo de movimiento de un palé	Horas/palé		27	1/5
Personal necesario Incluyendo picos	Personas	'25*26		14,0
Personal actual			28	18

Tabla 25. Cálculo de necesidades de mano de obra.

Capacidades actual del *Trhoughput* por hora

Horas de trabajo disponibles al mes (personas)	Horas	'32*12*28	2.970,0
Palés a mover en un mes	Palés	29='16	7.293,0
Capacidad de palés a mover en un mes	Palés	33='28*32*12/27	14.850,0
Capacidad extra	Palés	'33-29	7.557,0
Porcentaje de exceso de capacidad		34=33/29-1	**104%**
Exceso en personas	Personas	'34*28	**19**

Tabla 26. Análisis de capacidades de personal.

6.3 Cálculo del número de equipos

Con los flujos estimados y los requerimientos de personas se puede hacer un cálculo del número de equipos que será necesario disponer. Para ello se debe poseer la siguiente información:

- Tiempos de ciclo de cada operación por equipo. Estos tiempos pueden ser estimados o calculados por un estudio de tiempos y movimientos más preciso. En todo caso, por la sencillez de su elaboración, se sugiere la realización de un estudio de tiempos y movimientos.
- Tipo de equipos encargados de las tareas de abastecimiento de las estanterías (entradas y salidas de la estantería), y para estos equipos es necesario:

  - Tiempo promedio de elevación: por ejemplo 25 segundos (incluye tiempo de lectura).
  - Tiempos de depósito/extracción: según el módulo y pasillo, entre 6 y 48 segundos.

– Las labores se programan según la tarea que resulte más cercana.

Para equipos apiladores:

- Tiempo promedio de elevación: por ejemplo 25 segundos (incluye tiempo de lectura).
- Desplazadores horizontales: encargados de los diferentes movimientos desde y hacia y entre zonas de intercambio con estantería y muelles.
- Tiempos de depósito y extracción: doce segundos cada uno (incluye tiempo de lectura).
- Esta operación puede ser con equipos de manutención más veloces.
- Desplazadores o recogepedidos para primer nivel: encargados de la recolección de unidades sueltas en el primer nivel del módulo de preparación de pedidos.
- Tiempos de depósito y extracción: diez segundos cada uno más productividad (250 unidades/hora/persona).
- Equipos de manutención de segundo nivel: encargados de la recolección de unidades sueltas en el segundo y tercer nivel del módulo de preparación de pedidos.
- Tiempos de depósito y extracción: diez segundos cada uno más productividad (175 unidades/hora/persona).

		m/min	Km/h
ETV-DIS	Vacío	165	9.9
	Cargado	155	9.3
Satélite		30	1.8
Desplazador	Vacio	180	10.8
Vertical	Cargado	150	9.0
Desp pick nivel 1		100	6.0
Desp pick nivel 2		145	8.7

Tabla 27. Tiempos de operación de algunos equipos. (Nota: no deben tomarse como base para cálculos, son meramente ilustrativos.)

- Distancias entre zonas de almacenamiento, puertas de recepción y puertas de despacho; estas según la distribución del almacén.
- Los recorridos calculan el tiempo según distancia/velocidad del equipo.

- En cuanto a las productividades:

  - Se calcularán según los tiempos y las velocidades de los equipos y las actividades correspondientes.
  - Son muy relevantes para los trabajos de la preparación de pedidos.
  - En las diferentes labores representadas en el tiempo se debe considerar un coeficiente de variación (se sugiere que oscile entre el 10 y el 20 %).

- Para el diagrama de proceso resulta necesario seleccionar un día de operación típico y tomar el total de expediciones preparadas según su destino: nacional, exportación u otros centros. Además, el análisis debe hacerse para los días en que la actividad es elevada, como lo sugiere la tabla 28.

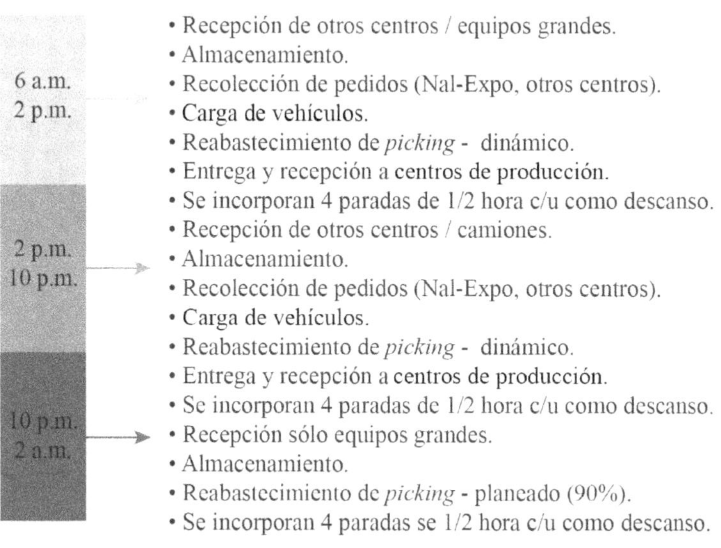

Tabla 28. **Carga de trabajo para planificación de recursos.**

- Estándares de recolección en la preparación de pedidos:

  - Unidad de proceso: cajas recolectadas en palés.
  - Para la recolección se considera que la operación se subdivida en distintas tareas, una por cada uno de los pasillos que hay en cada nivel (incluyendo túneles). El primer nivel se estima en el 93 % de la recolección, con una productividad de 250 unidades/hora/persona.

– El 7 % restante son tareas que se programan para recolectar con otro tipo de equipo en el segundo nivel y que recorrerá los pasillos del módulo de preparación de pedidos con una productividad de 175 unidades/hora/persona.
– Hay que considerar que en cada parada se recogen 25 unidades, es decir, 6 minutos/parada en el primer nivel y 8,5 minutos/parada en los niveles superiores.

En la figura 26 se presenta gráficamente un ejemplo de la carga de trabajo de un día estándar. Los resultados que se deben obtener son una estimación de los equipos, operarios y de operarios por turno y tarea, como se muestra en las tablas 29 y 30.

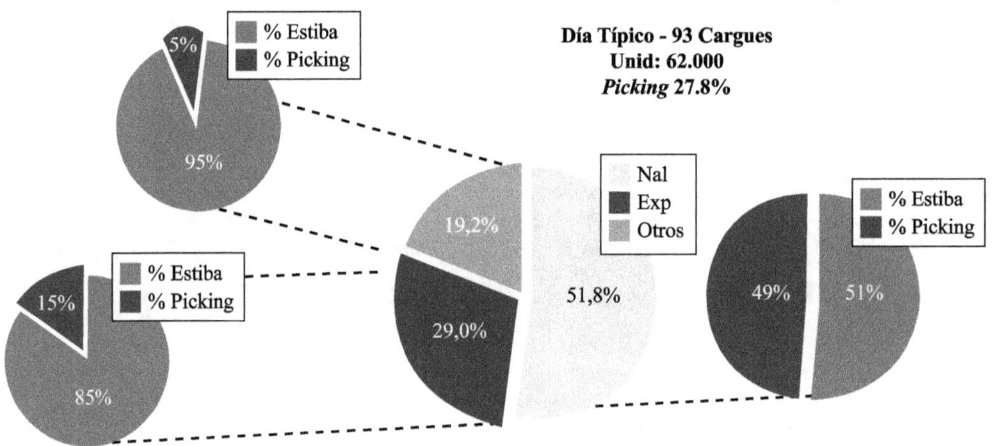

Figura 26. Carga de trabajo de un día típico.

	OPCIÓN 1			OPCIÓN 2		
Operarios	**T1**	**T2**	**T3**	**T1**	**T2**	**T3**
Recepción	0,25	0,25	0,25	0,25	0,25	0,25
Almacenamiento	1,25	1,25	1,75	1,5	1,5	2,25
Maquila	0,25	0,25		0,25	0,25	
Despacho estibas	1,25	1,25		1,5	1,5	
Despacho *picking*	7,5	7,5		7,5	7,5	
Resurtido				0,5		0,75
Mov horizontales	3	3	1	3	3	1
Jaulas	4	4		4	4	

Tabla 29. Número de operarios por turno y por subproceso.

Equipos	Número	Operarios (3T)	Número	Operarios (3T)
DIS	3	8	2	5,5
Reach - doble prof.	0		2	4,5
Desplazadores horizontales	3	7	3	7
Desplazadores *pick* nivel 1	7	12	7	12
Picking 2 nivel	2	3	2	3
Despacho		8		8
Recepción		0,5		0,5
		39		**41**

Tabla 30. Número de operarios por turno y por subproceso.

6.4 Decisiones tácticas. Planificación de las necesidades del almacén

Las necesidades de recursos humanos y de materiales para la operación de los centros de distribución se pueden obtener por medio de una proyección de necesidades futuras basada en las de la operación en número de unidades por semana o por día.

La tabla 33 expresa un modelo determinístico elaborado para establecer la proyección de materiales y tiempos necesarios. En dicha tabla se muestran las unidades básicas que se consumen de cada tipo de material para constituir una unidad de carga (una caja, un palé, etc.). En cuanto al tiempo, por ejemplo, para llegar a tomar una unidad de carga se necesitan:

- 35 segundos desde la recepción de la mercancía en los muelles hasta que es depositada en su sitio de almacenamiento.
- 15 segundos para extraer una unidad desde la zona de preparación de pedidos hasta la zona de carga.
- 30 segundos para mover un palé completo desde la zona de gran almacenamiento hasta la zona de carga.

En cuanto a los materiales, hay un consumo de 0,0025 g de polietileno elástico para envolver una unidad de carga. En el modelo existen además parámetros de referencia como el número de cajas por palés, cuando estos salen preparados desde las zonas de preparación de pedidos.

El modelo relaciona las necesidades de entradas y salidas de productos con los consumos ocasionados al movilizar una unidad. En la tabla 31 se observan los cálculos generados por el modelo al aplicar el algoritmo de proyección de las necesidades, y los relaciona con el tiempo en que esos materiales deben ordenarse, y cuándo deben estar disponibles en el centro de distribución. La mano de obra se requiere de inmediato, pero los materiales tienen un plazo establecido por la empresa proveedora. Por otro lado, el modelo permite establecer inventarios de seguridad para los materiales y un cálculo de lote económico que combina el costo de mantener los inventarios de esos materiales con el costo de ordenar.

Lista de materiales por niveles

Nombre del ítem	Nivel	Unidades por unidad de producto	Estructura de árbol
Recepción de mercancía	0	1	Recepción de mercancía
Mano de obra desplazamiento interno de mercancías	1	35	Mano de obra desplazamiento interno de mercancías
Polietileno, film estirable	1	0,0025000	Polietileno, film estirable
Estibas	1	1	Estibas
Carga y descarga	1	10,125	Carga y descarga
Otras	1	0	Otras
Despachos desde área preparación de pedidos	0	1	Despachos desde área preparación de pedidos
Mano de obra personal auxiliar	1	15	Mano de obra personal auxiliar
Polietileno, film estirable	1	0,0025000	Polietileno, film estirable
Palés	1	1	Palés
Carga y descarga	1	10,125	Carga y descarga
Otras	1	0	Otras
Despachos desde área almacenamiento	0	1	Despachos desde área almacenamiento
Mano de obra para carretillas elevadoras	1	30	Mano de obra para carretillas elevadoras
Polietileno, film estirable	1	0,0025000	Polietileno, film estirable
Palés	1	1	Palés
Carga y descarga	1	10,125	Carga y descarga
Otras	1	0	Otras

Tabla 31. Lista de consumo de materiales y estructura de árbol.

En la tabla 33 se establece el resumen de necesidades de materiales y mano de obra necesaria para las siguientes cuatro semanas. Para el ejemplo que nos ocupa, se precisará de veinticinco personas por día para la recepción de la carga, ocho para la preparación de pedidos de producto y seis operadoras de equipos de

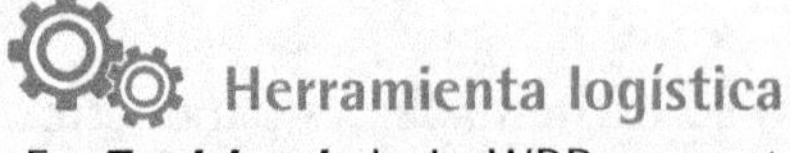

Herramienta logística

En ***Tool book,*** hoja WRP, encontrará el modelo determinístico para calcular los requerimientos de mano de obra y materiales necesarios para la operación de los centros de distribución.

Recepción de mercancía — Lead time: 1 · Stock seguridad: 0 · Tamaño de lote: 1 · Lote económico: 0

	Semanas 0	Semanas 1	Semanas 2	Semanas 3	Semanas 4	Semanas 5
Necesidades brutas		120.000	120.000	120.000	120.000	120.000
Recepciones programadas						
Inventario actual						
Requerimientos netos		120.000	120.000	120.000	120.000	120.000
Recepciones planificadas		120.000	120.000	120.000	120.000	120.000
Órdenes planificadas		120.000	120.000	120.000	120.000	120.000

D — 0 — Demanda anual · Cp — 1 — Costo de posesión · Ce — 0 — Costo de emisión · HP — 1 — Horizonte temporal · EOQ

Despachos desde área preparación de pedidos — Lead time: 1 · Stock seguridad: 0 · Tamaño de lote: 1 · Lote económico: 0

	Semanas 0	Semanas 1	Semanas 2	Semanas 3	Semanas 4	Semanas 5
Necesidades brutas		90.000	90.000	90.000	90.000	90.000
Recepciones programadas						
Inventario actual						
Requerimientos netos		90.000	90.000	90.000	90.000	90.000
Recepciones planificadas		90.000	90.000	90.000	90.000	90.000
Órdenes planificadas		90.000	90.000	90.000	90.000	90.000

D — 0 — Demanda anual · Cp — 1 — Costo de posesión · Ce — 0 — Costo de emisión · HP — 1 — Horizonte temporal · EOQ

Despachos desde área de almacenamiento — Lead time: 1 · Stock seguridad: 0 · Tamaño de lote: 1 · Lote económico: 0

	Semanas 0	Semanas 1	Semanas 2	Semanas 3	Semanas 4	Semanas 5
Necesidades brutas		30.000	30.000	30.000	30.000	30.000
Recepciones programadas						
Inventario actual						
Requerimientos netos		30.000	30.000	30.000	30.000	30.000
Recepciones planificadas		30.000	30.000	30.000	30.000	30.000
Órdenes planificadas		30.000	30.000	30.000	30.000	30.000

D — 0 — Demanda anual · Cp — 1 — Costo de posesión · Ce — 0 — Costo de emisión · HP — 1 — Horizonte temporal · EOQ

Mano de obra desplazamiento interno de mercancías — Lead time: 1 · Stock seguridad: 0 · Tamaño de lote: 1 · Lote Económico: 0

	Semanas 0	Semanas 1	Semanas 2	Semanas 3	Semanas 4	Semanas 5
Necesidades brutas		24	24	24	24	24
Recepciones programadas						
Inventario actual			0,69	0,39	0,08	0,78
Requerimientos netos		24	24	24	24	24
Recepciones planificadas		25	24	24	25	24
Órdenes planificadas		25	24	24	25	24

D — 0 — Demanda anual · Cp — 1 — Costo de posesión · Ce — 0 — Costo de emisión · HP — 1 — Horizonte temporal · EOQ

Polietileno, film estirable — Lead time: 1 · Stock seguridad: 0 · Tamaño de lote: 1 · Lote Económico: 0

	Semanas 0	Semanas 1	Semanas 2	Semanas 3	Semanas 4	Semanas 5
Necesidades brutas		600	600	600	600	600
Recepciones programadas						
Inventario actual	100	100				
Requerimientos netos		500	600	600	600	600
Recepciones planificadas		500	600	600	600	600
Órdenes planificadas		500	600	600	600	600

D — 0 — Demanda anual · Cp — 1 — Costo de posesión · Ce — 0 — Costo de emisión · HP — 1 — Horizonte temporal · EOQ

Palés — Lead time: 1 · Stock seguridad: 0 · Tamaño de lote: 1 · Lote Económico: 0

	Semanas 0	Semanas 1	Semanas 2	Semanas 3	Semanas 4	Semanas 5
Necesidades brutas		5.938	5.938	5.938	5.938	5.938
Recepciones programadas						
Inventario actual	3000	3.000	1		1	
Requerimientos netos		2.938	5.937	5.938	5.937	5.938
Recepciones planificadas		2.938	5.937	5.938	5.937	5.938
Órdenes planificadas		2.938	5.937	5.938	5.937	5.938

D — 0 — Demanda anual · Cp — 1 — Costo de posesión · Ce — 0 — Costo de emisión · HP — 1 — Horizonte temporal · EOQ

Carga y descarga — Lead time: 1 · Stock seguridad: 0 · Tamaño de lote: 1 · Lote Económico: 0

	Semanas 0	Semanas 1	Semanas 2	Semanas 3	Semanas 4	Semanas 5
Necesidades brutas		14	14	14	14	14
Recepciones programadas						
Inventario actual			0,9375	0,875	0,8125	0,75
Requerimientos netos		14,0625	13,125	13,1875	13,25	13,3125
Recepciones planificadas		15	14	14	14	14
Órdenes planificadas		15	14	14	14	14

D — 0 — Demanda anual · Cp — 1 — Costo de posesión · Ce — 0 — Costo de emisión · HP — 1 — Horizonte temporal · EOQ

Otras — Lead time: 1 · Stock seguridad: 0 · Tamaño de lote: 1 · Lote Económico: 0

	Semanas 0	Semanas 1	Semanas 2	Semanas 3	Semanas 4	Semanas 5
Necesidades brutas		0	0	0	0	0
Recepciones programadas						
Inventario actual						
Requerimientos netos						
Recepciones planificadas						
Órdenes planificadas						

D — 0 — Demanda anual · Cp — 1 — Costo de posesión · Ce — 0 — Costo de emisión · HP — 1 — Horizonte temporal · EOQ

Mano de obra personal auxiliar — Lead time: 1 · Stock seguridad: 0 · Tamaño de lote: 1 · Lote Económico: 0

	Semanas 0	Semanas 1	Semanas 2	Semanas 3	Semanas 4	Semanas 5
Necesidades brutas		8	8	8	8	8
Recepciones programadas						
Inventario actual			0,2	0,4	0,6	0,8
Requerimientos netos		7,8	7,6	7,4	7,3	7,1
Recepciones planificadas		8,0	8,0	8,0	8,0	8,0
Órdenes planificadas		8,0	8,0	8,0	8,0	8,0

D — 0 — Demanda anual · Cp — 1 — Costo de posesión · Ce — 0 — Costo de emisión · HP — 1 — Horizonte temporal · EOQ

Mano de obra para carretillas elevadoras — Lead time: 1 · Stock seguridad: 0 · Tamaño de lote: 1 · Lote Económico: 0

	Semanas 0	Semanas 1	Semanas 2	Semanas 3	Semanas 4	Semanas 5
Necesidades brutas		5	5	5	5	5
Recepciones programadas						
Inventario actual			0,8	0,6	0,4	0,2
Requerimientos netos		5,2	4,4	4,6	4,8	5,0
Recepciones planificadas		6,0	5,0	5,0	5,0	6,0
Órdenes planificadas		6,0	5,0	5,0	5,0	6,0

D — 0 — Demanda anual · Cp — 1 — Costo de posesión · Ce — 0 — Costo de emisión · HP — 1 — Horizonte temporal · EOQ

Tabla 32. **Explosión de materiales.**

Programa de necesidades para operación del centro de distribución						
	Semana 0	Semana 1	Semana 2	Semana 3	Semana 4	Semana 5
Mano de obra carretillas desplazamiento	-	25	24	24	25	24
Mano de obra personal auxiliar	-	8	8	8	8	8
Operadores de carretillas elevadoras	-	6	5	5	5	6
Polietileno, film estirable (kilos)	-	500	600	600	600	600
Palés (unidades)	-	2.938	5.937	5.938	5.937	5.938
Carga y descarga (operarios)	-	15	14	14	14	14
Otras	-	-	-	-	-	-

Tabla 33. **Necesidades de recursos para las siguientes cuatro semanas.**

manutención para preparar los pedidos desde las áreas de almacenamiento. En lo que se refiere a materiales, se necesitaran 500 kg de polietileno y 2.938 palés para la primera semana.

6.5 Técnicas para el cálculo de tiempos estándar

En el modelo determinístico comentado se utilizan varios estándares, los cuales funcionan a modo de parámetros de entrada para obtener resultados adecuados. El tiempo invertido por un operario para desplazarse y tomar una carga o completar una tarea está compuesto por los tiempos de operación, de carga de baterías, de ingreso al sistema, de elevación, etc. Así pues, es necesario tener un estudio de tiempos y movimientos que exprese con precisión cuál es la productividad de una persona durante su jornada laboral, representada en número de unidades movidas en un día, o el tiempo promedio que se consume para hacer una tarea; por ejemplo, la de preparar un pedido, o la de mover un palé de un lugar de almacenamiento al sitio de carga.

Existen varias técnicas para establecer tiempos estándar:

- Estudio de tiempos y movimientos.
- Tiempos estándares predeterminados.
- Muestreo de actividades.
- Historia de datos.

En este caso, nos centraremos en la técnica de muestreo de actividades. La idea es establecer un número de observaciones predeterminadas y medir los tiempos que consumen las tareas analizadas. Tras realizar las observaciones, es necesario establecer el número de veces que la persona está ocupada y el que no lo está, lo cual puede obtenerse mediante las siguientes fórmulas.

$$Tt = \frac{Not}{To} \tag{9}$$

$$Tp = \frac{Noo}{To} \tag{10}$$

Donde:

$Tp\ \ $ = Tiempo parado (desocupado).
$Tt\ \ $ = Tiempo ocupado (trabajando).
Not = Número de observaciones trabajando.
$To\ \ $ = Total observaciones.
Noo = Número de observaciones desocupado.

Si se desea establecer un estándar para un operario que maneja una carretilla elevadora en un turno de ocho horas diarias, en las que realizó 45 viajes trasladando palés desde las puertas de embarque hasta las áreas de almacenamiento, de los cuales 16 fueron sin carga y que en el día movió 42 palés, se puede calcular el estándar de minutos promedio invertidos en esta operación con la siguiente ecuación.

$$Et/p = \frac{\frac{TT\ Tt\ Ip}{Pm\ 100}}{100\text{-}Ff} \tag{11}$$

Donde:

Et/p = Estándar de tiempo por palé.
$TT\ \ $ = Tiempo total.
$Tt\ \ $ = Tiempo trabajando (porcentaje ocupado).
$Pm\ $ = Palés movidos.
$Ip\ \ $ = Indicador de la actividad *(performance)*.
$Ff\ \ $ = Factor de fatiga.

Calculando a modo de ejemplo

$$Tt = 29/45$$
$$Tt = 64\,\%$$

y

$$To = 16/45$$
$$To = 16\,\%$$

y

$$Et/p = (480 \times 64\,\% \times 120\,\%) / 42 \times 100 / (100 - 15\,\%)$$
$$Et/p = 8{,}63 \text{ minutos por palé.}$$

El estándar por palé se encuentra calculado en la tabla 34.

	Denotación	Fuente de información	Unidades	Información
Tiempo total de trabajo	TT	WMS	Minutos	480
Total palés movidos	Pm	WMS	Palés	42
Tiempo de trabajo (%)	Tt	Muestreo de actividades	%	64%
Tiempo ocioso (%)	To	Muestreo de actividades	%	16%
Índice de performance	Ip		%	120%
Factor de fatiga	Ff	Muestreo de actividades	%	45%
Tiempo estándar por palé		Estudio de tiempos	Minutos	8,63

Tabla 34. **Cálculo de tiempo estándar por palé.**

6.6   Gestión de la capacidad de almacenamiento

La gestión de la capacidad del almacén debe ser consistente y su previsión debe hacerse con los pronósticos de las operaciones de entrada y despacho de unidades a largo plazo, lo que permite conocer y definir qué necesidades de almacenamiento existen a corto y largo plazo. Se trata de hacer que las operaciones fluyan sin interrupciones, evitando congestiones en los centros de distribución.

Mantener ociosa una instalación es igual de costoso que no disponer de capacidad, por lo que es necesario mantener el equilibrio de esta. Para establecer un cálculo de la capacidad se puede usar la siguiente ecuación.

$$\%Ca = \frac{Ca}{\left(\frac{p(1+Fs)}{Dv}\right)Di} \tag{12}$$

Donde:

$\%Ca$ = Porcentaje de capacidad requerida.
P = Pronóstico de necesidades.
Fs = Factor de seguridad para la capacidad.

Ca = Capacidad actual de almacenamiento en cajas o palés.

Dv = Días de almacenamiento por mes.

Di = Días de inventario (política de cobertura de inventario).

Ejercicio

Se dispone de un centro de distribución con capacidad para 320.000 cajas o 6.700 palés, y se desea conocer su capacidad de almacenamiento. Los pronósticos representan un flujo de 560.000 unidades o 11.600 palés y desviaciones de 90.000 unidades. Se quiere proteger con una desviación estándar y la empresa tiene como política mantener 15 días de inventarios.

Primero, se debe saber que una desviación estándar garantiza un nivel de servicio del 84% y el factor k es igual a 1.

Así, si se aplica la ecuación 10, se obtiene:

$$\%Ca = 320.000 / (560.000 * (1 + 90.000 / 560.000) / 30) * 15)$$

$$\%Ca = 98.5\%$$

Por último, es conveniente mantener un indicador gráfico que muestre la capacidad actual y la futura; de esta manera se puede saber en qué momento se necesita capacidad de almacenamiento (véase la figura 27).

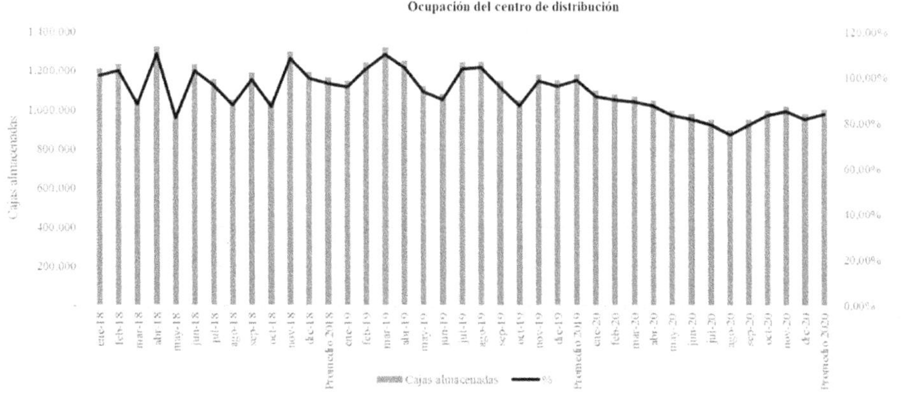

Figura 27. Ocupación de centro de distribución.

Capítulo 7

Controlar lo invisible

Si se pretende controlar todo aquello que parece invisibilizado, se debe gestionar todo lo que consume recursos —de una manera silenciosa— sin aportar nada a cambio. Lo que supone que surjan preguntas tales como: ¿cuál es el uso de las herramientas de trabajo? ¿Cómo se usan los consumibles, tales como lubricantes, estopas y papelería? ¿Se cuenta con un inventario y control de los palés de madera? (este es uno de los elementos donde se produce una sangría permanente en los centros de distribución). ¿Se está utilizando la cantidad adecuada de polietileno elástico para forrar cada palé?¿Cómo se gestionan los productos obsoletos? ¿Qué porcentaje de productos obsoletos existe? ¿Cuál es el consumo de energía, de agua, de papel? Estos elementos menores no agregan un elevado potencial de reducción de los costos, pero afectan a las operaciones y la productividad de la fuerza laboral.

Los productos obsoletos consumen recursos del centro de distribución que, en el caso de que no existieran, se usarían para gestionar las operaciones corrientes. Por ello podría ser interesante crear un indicador de porcentaje de estos productos y comunicarlo a las personas responsables de la compañía. Un resultado positivo de productos obsoletos debe ser menor al 2,5 % de los inventarios. Otro factor poco evidente es el porcentaje de devoluciones y rechazos, que hace necesario comprobar que existan políticas de devoluciones claramente definidas: ¿qué se recoge, en qué condiciones, cuándo y cómo?

Capítulo 8
Sistema de reexpedición: distribuir más, almacenar menos

La reexpedición, también conocida como *cross docking*, es un sistema de distribución de mercancías que ofrece oportunidades de reducir los costos de almacenamiento y gestión de inventarios, gracias al desarrollo de plataformas logísticas y al envío de mercancías consolidadas. La clave del éxito radica en un control eficiente del tiempo, la información y las relaciones entre los agentes de la cadena de abastecimiento involucrados. Se trata de un concepto muy conocido en los procesos logísticos y se conocen sus beneficios, por lo que cada día más empresas deciden aplicarlo y obtener beneficios económicos y mayor eficiencia en la distribución.

8.1 ¿Qué es un sistema de reexpedición?

Es el movimiento de una mercancía a través de un centro de distribución o una plataforma logística, desde el muelle de recepción hasta el de embarque, sin que se requiera un almacenamiento intermedio. No obstante, en la práctica, según las necesidades de las partes y el grado de utilización de recursos, un sistema de reexpedición es más complejo e incluye otras operaciones adicionales, como la predistribución (a cargo de la empresa proveedora), la recepción de mercancías, la captura de información, la preparación de pedidos, la consolidación de cargas y el envío. En realidad se trata de un sistema de distribución basado en el concepto de justo a tiempo que posibilita tener los productos solicitados en un tiempo óptimo, gracias a plataformas logísticas destinadas para este fin y que permiten la distribución de mercancías consolidadas, reduciendo los costos de almacenamiento y el manejo de inventarios, entre otros.

Las premisas fundamentales de un sistema de reexpedición son:

- Una gestión dinámica de existencias, es decir, rebajar el nivel de productos en almacén de depósitos o centros de distribución mediante la sincronización del flujo de productos que entran y salen. En otras palabras, se trata de reemplazar las entregas menos frecuentes y más grandes de las empresas proveedoras por otras más periódicas y en menores cantidades.
- Reducir inversiones en centros de distribución y almacenamiento.
- Liberar el capital inmovilizado (valor de la mercancía almacenada).
- Reducir los costos operacionales.

La operativa de un sistema de reexpedición a escala nacional puede requerir la existencia de plataformas de reexpedición ubicadas a distancias adecuadas, según los tiempos de tránsito registrados por las empresas transportadoras de la carga. Las plataformas logísticas se encargarían de las entregas denominadas de «última milla» y de las localidades cercanas, además de la separación de facturas y de la carga detallada de cada vehículo de redistribución.[6] La mercancía que ingresa en una plataforma logística proviene de centros de distribución lejanos, de proveedoras cercanas a la instalación, de fábricas en la misma jurisdicción o de transferencias regionales. El origen de la carga y la estructura de una plataforma están sujetas a variables como:

- La estrategia de penetración de mercados empleada por la empresa fabricante.
- La infraestructura vial disponible.
- Los tiempos de tránsito.
- Los recursos materiales existentes en los centros de distribución.
- La disposición de otras plataformas logísticas.
- Las regulaciones municipales con relación a la libre circulación de vehículos de carga de gran tamaño.

8.2   Tipos de sistemas de reexpedición

Desde el punto de vista de la operativa, un sistema de reexpedición puede tener las siguientes clasificaciones:

- **En movimiento continuo** *(flow through)*

  En esta modalidad, la mercancía se pide discriminada por almacenes. La empresa proveedora la selecciona, empaca, marca y entrega consolidada para cada punto de venta al centro de distribución del detallista. Ya en la plataforma logística, los palés con producto fluyen desde los muelles de recepción, directamente, hacia los muelles de despacho o sobre el camión mismo tocando el suelo lo menos posible. Es decir, la mercancía es trasbordada al vehículo de embarque final sin ningún tipo de almacenamiento o parada en el centro de distribución (véase la figura 28).

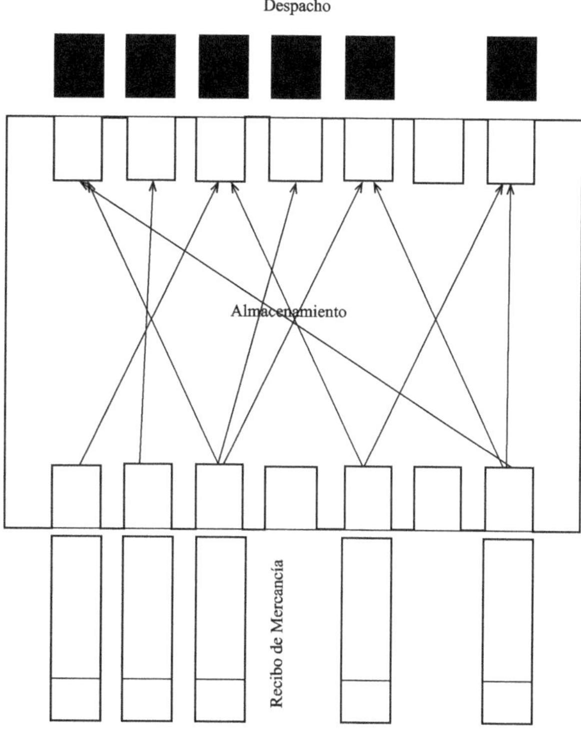

Figura 28. Sistema de reexpedición puro. Vista superior de la planta.

- **En movimiento consolidado**

  El proceso de pedido y despacho por parte de la empresa proveedora es igual al del movimiento continuo, pero —en el centro de distribución del detallista— la mercancía se consolida en palés con otras, que han sido enviadas en la forma convencional desde el almacén o desde otra proveedora y se realiza el proceso de embarque. Como este tipo de operación se puede considerar híbrido, también puede ocurrir que la empresa fabricante consolide palés con productos provenientes de varios puntos de la cadena de abastecimiento, para que posteriormente sea reagrupada para clientes predeterminados y destinar el resto a otros puntos de venta o almacenarse (véase la figura 29).

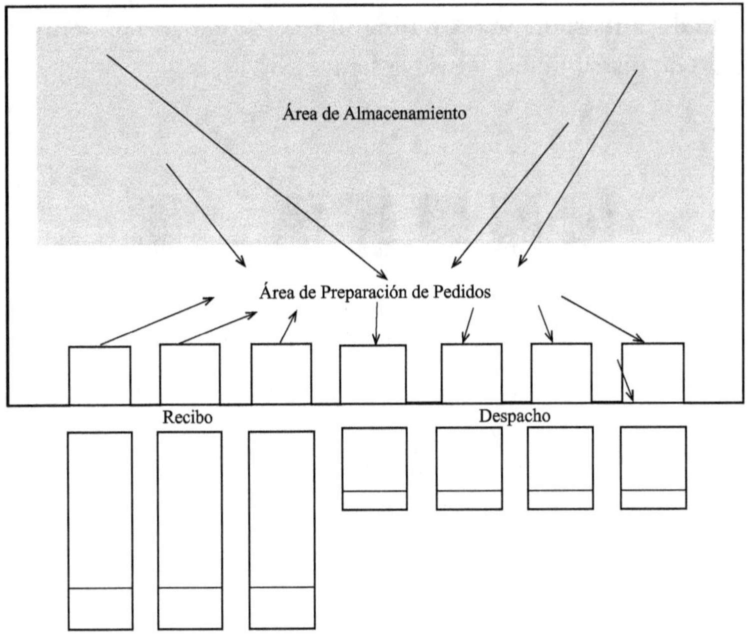

Figura 29. Cross Docking en movimiento consolidado.

- **En movimiento distribuido**

  La mercancía se recibe por cajas en la plataforma logística y llega identificada desde la empresa proveedora o se reseña en la zona de recepción del centro de distribución. Esta identificación se lleva a cabo mediante las tecnologías disponibles, con indicación del nombre del artículo y el almacén de destino. Finalmente, las cajas reseñadas se colocan sobre bandas transportadoras que las llevan hasta el muelle de transporte destinado para cada punto de venta. Si no hay bandas, las cajas se pueden cargar en palés o directamente en el camión.

Desde el punto de vista de la utilización de la tecnología, los sistemas de reexpedición se pueden clasificar en:

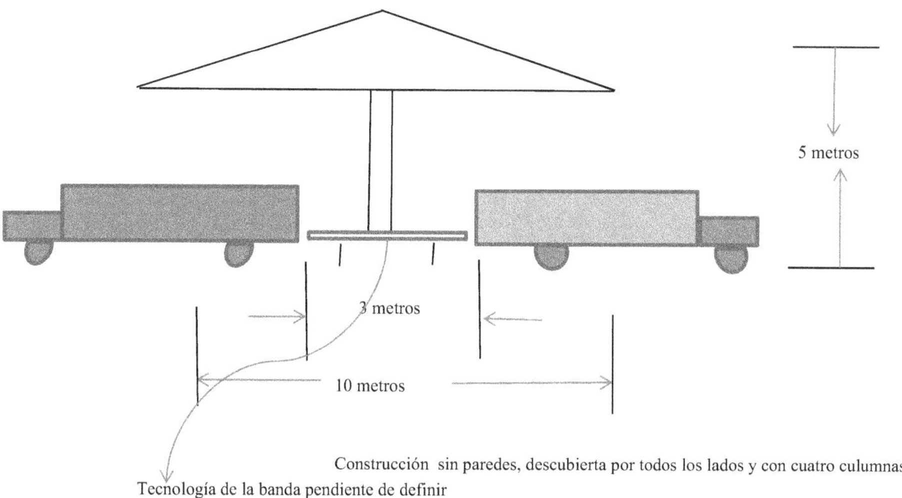

Figura 30. **Plataforma de Cross Docking tipo dado. Vista lateral.**

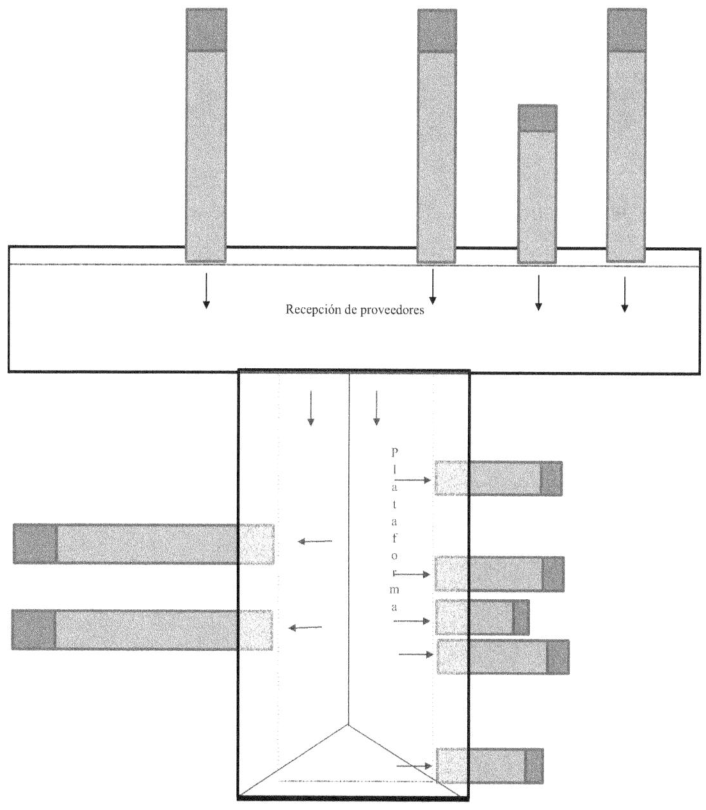

Figura 31. **Plataforma de Cross Docking tipo dado. Vista superior**

- **Sistema de reexpedición de baja tecnología**

  Aunque complejo, este sistema es factible si la empresa fabricante tiene la capacidad de «predistribuir» la mercancía antes de su envío mediante la consolidación en palés mixtos para cada almacén. Una visión completa de un sistema de reexpedición de baja tecnología consta de los siguientes pasos:

  - La orden de compra es enviada a la empresa proveedora con instrucciones para la distribución de la mercancía a cada una de las sucursales de la cadena de establecimientos comerciales.
  - La proveedora consolida en un solo palé todos los productos para un determinado almacén.
  - Se identifica en origen el lote de artículos mediante código de barras o radiofrecuencia (RFID, *radio frequency identification data)*, el cual contiene el número del establecimiento al que está dirigido y el palé en que va consolidado.
  - La proveedora envía la mercancía hacia la plataforma logística de la cadena de establecimientos, el mismo día en que una de sus sucursales debe ser reabastecida.
  - En la plataforma logística, el personal de la cadena de establecimientos escanea las etiquetas estándar de los palés y las controla constatando factura o remisión recibida; posteriormente transfiere de inmediato los palés al muelle de despacho. En este paso se deberá contar con un esquema de

identificación por radiofrecuencia o RFID
Sistema de almacenamiento y recuperación de datos remoto que utiliza dispositivos denominados etiquetas, transpondedores o *tags,* provistos de receptores-emisores que permiten responder a peticiones por radiofrecuencia desde un emisor-receptor. En su aplicación en la distribución comercial, la etiqueta RFID *(radio frequency identification data),* con los datos de identificación del producto o EPC *(electronic product code)* al que se ha adherido, emite una señal que puede ser captada por un lector que la transfiere, a su vez, a la aplicación o al dispositivo que debe utilizarla. Este sistema se aplica asimismo en los vehículos de guiado automático que se utilizan para la manipulación y el transporte de unidades de carga en los sistemas de almacenamiento automatizado.

calidad certificado de entregas, porque de lo contrario se pierde la bondad de recibir un palé mixto ya que habría que desarmarlo e inspeccionarlo.
– Todos los palés, cajas o bultos que vayan a ser sometidas a la operación de reexpedición son cargadas en el vehículo o consolidadas en el muelle, para luego proceder a la carga cuando se llegue a un volumen determinado de mercancía.

- **Sistema de reexpedición de alta tecnología**
  Si la plataforma logística del cliente está equipada con un sistema de manipulación de mercancías automático, la empresa proveedora no se ve en la necesidad de armar pedidos para cada punto de venta, ya que con el sistema de clasificación de la cadena de establecimientos se puede llevar a cabo dicha labor. Además, como las etiquetas pueden ser puestas en la recepción y en la «predistribución», dicha clasificación no tiene porqué ser efectuada antes que el envío llegue a la plataforma. A continuación, se mencionan los principales pasos a seguir:

  – La empresa proveedora recibe las órdenes de compra, las cuales consignan el total de referencias requeridas en la plataforma logística.
  – La proveedora prepara el pedido y consolida los productos únicamente por ítems.
  – La proveedora notifica sobre el despacho a la cadena de establecimientos, antes de que se produzca el envío físico de los productos (código seriado del embarque que especifique el tipo de producto y la cantidad, entre otras características).
  – Recepción de la carga en la plataforma, apertura y preparación de embarques para cada sucursal de la cadena de establecimientos. En este paso se realiza la operación de preparación de pedidos por medios mecánicos o manuales.
  – Los palés o bultos son cargados en el camión y ordenados por almacén.

Resulta conveniente especificar que el personal de las plataformas logísticas deben conformar equipos de trabajo competentes en la identificación del producto, la descarga y paletización, desconsolidación según la documentación de cada envío, gestión de condiciones de entrega en destino, asignación de rutas y vehículos, entrega de la mercancía a destinatarios finales, recepción y control de documentos y de devoluciones. Quizás uno de los retos más cruciales del proceso de un sistema de reexpedición es lograr una perfecta sincronización de los vehículos en los muelles de embarque, con la finalidad de que los flujos de carga que entran y salen converjan en la plataforma durante el menor tiempo posible. En esos momentos se ponen realmente a prueba las habilidades y los criterios de las personas responsables de la operación.

Resulta importante que se lleve a cabo un trabajo conjunto que involucre activamente a las empresas proveedoras y las destinatarias de la mercancía. De esta alianza entre actores de la cadena de abastecimiento dependen decisiones trascendentales para el logro de beneficios colectivos, como la determinación de responsabilidades en la identificación de los envíos, las características de los embalajes (altura de los palés, modulación y número de bultos por palé, por ejemplo) o la distribución de costos y beneficios de la operación. Por lo general, las formas más eficientes de un sistema de reexpedición requieren una selección de órdenes por parte de la empresa proveedora, lo cual puede causar costos extras. Por ello es fundamental asegurar que el sistema de reexpedición no transfiera únicamente los costos a una sola parte de la cadena, y que todas las partes involucradas se beneficien de manera equilibrada de esta práctica. Los beneficios de un sistema de reexpedición solo serán alcanzables cuando las ventajas globales de la cadena de abastecimiento superen ampliamente los costos adicionales causados. Una manera de medir y monitorear la incidencia positiva de estas operaciones en la cadena es aplicando un sistema de cálculo de costos basado en las actividades o ABC.

8.3   Necesidad de infraestructura física

Las plataformas logísticas, los centros de distribución o los almacenes por los cuales circule mercancía de un sistema de reexpedición serán más competitivos si cuentan con las infraestructuras y los equipos de manipulación de carga adecuados:

- Plataformas logísticas con un gran espacio para atender los flujos de entrada-salida de mercancía o en forma de «U».
- Muelles de carga y descarga suficientes.
- Patio de maniobra vehicular en el interior de la plataforma.
- Equipos de manipulación idóneos para el tipo de producto, como carretillas o montacargas, paletizadores, palés homologados, bandas transportadoras o niveladores de muelle, entre otros.

- Vehículos de transporte flexibles en capacidad o especializados, según el tipo de producto que se haya de transportar.
- Espacios diseñados de acuerdo al volumen de mercancía que se ha de manipular.
- Instalaciones acondicionadas para cada tipo de mercancía, como zonas de temperatura controlada, ventilación, iluminación, etc.

8.4   ¿Carga paletizada o a granel?

Las entregas de cargas para las operaciones en un sistema de reexpedición deben hacerse en cargas paletizadas, con el objeto de garantizar la seguridad y uniformidad de los envíos y facilitar su gestión. No obstante, una empresa transportista o prestadora de servicios logísticos puede perder capacidad de manipulación de la carga en su vehículo si previamente no existe un acuerdo con la destinataria respecto a la posibilidad de descarga de palés en el punto de destino. Como la entrega de mercancía paletizada no es una práctica compatible con todos los destinatarios, el ahorro de tiempo no será representativo en comparación con la dificultad que puede representar el manejo de las cargas. La meta fundamental de una plataforma logística debe ser la velocidad en el reenvío del producto. Cualquier práctica que favorezca el logro de esta es acertada, siempre y cuando no ocasione sobretiempos y sobrecostos en otro eslabón de la cadena de abastecimiento. En resumen, la paletización debe ser una práctica establecida para beneficio de todos los actores de la cadena y la operación es apropiada si cumple íntegramente con todos sus objetivos; de lo contrario se debe considerar la gestión de entregas a granel o de cargas sin consolidar.

Dependiendo de las alturas de los palés, los vehículos pueden ir ocupados desde un 55 % para alturas de palés de 1,60 m, hasta un 67 % para alturas de 1,80 m. Esto equivale a decir que el transporte tendrá un costo adicional de al menos el 33 % en un sistema de entrega paletizada respecto a una entrega a granel. Alturas de palés de menos de 1,60 m son sumamente improductivas, y debe valorarse el costo de transportar tan bajos volúmenes de mercancía (véase la figura 32).

Sin embargo, se han desarrollado tecnologías que permiten que se almacenen dos palés en el camión, hecho que soluciona esta problemática. Consiste en unos rieles que se colocan en los laterales del camión, encima de los cuales se ancla un soporte para que se puedan recibir varios niveles de palés. Con esta tecnología se pueden mejorar las bajas ocupaciones en la caja del camión (véase la figura 33).

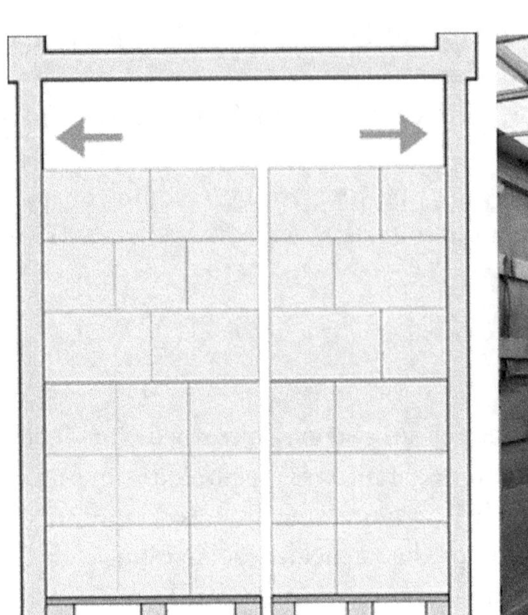

Figura 32. **Baja ocupación del vehículo.**

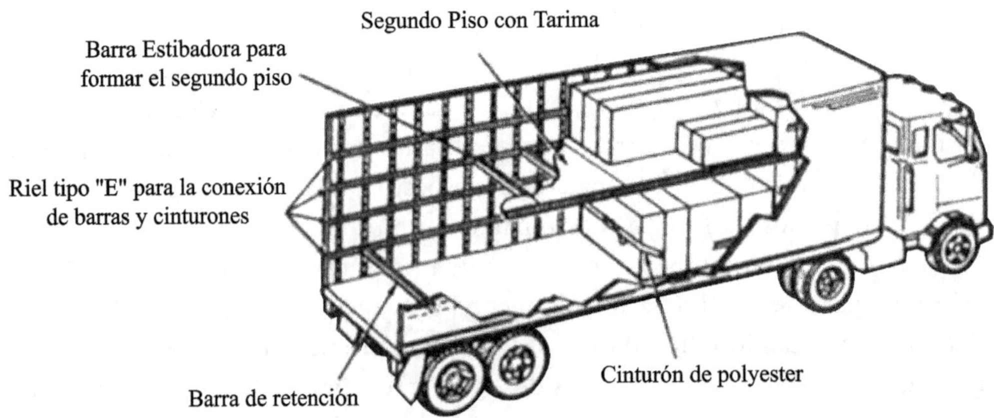

Figura 33. **Sistema de rieles logísticos (fuente: www.kinedyne.com.mx).**

8.5   El tiempo es oro

Reducir costos de almacenamiento, transporte y gestión de existencias es uno de los argumentos más poderosos que justifican la conveniencia de un sistema de reexpedición. Una gestión acertada del factor tiempo, a su vez, implica establecer un control de la calidad para todo el proceso de reexpedición, mediante la generación de indicadores que permitan una mejora continua y un desarrollo óptimo de cada actividad. La reducción del tiempo de llegada de los productos al canal de distribución debe ser hasta de un 40 % con respecto a entregas no paletizadas y sin consolidar. Además, con esta práctica se busca prescindir de las existencias en almacenes regionales y mantener los compromisos de reabastecimiento. Por ello es crucial que la mercancía —al llegar a la plataforma logística— sea redespachada inmediatamente. En la tabla 35 se puede observar un ejemplo de este tipo de operación.

Zona de influencia	Tiempo desde llegada a plataforma
Urbana y metropolitana	24 horas
Regional, hasta 150 kilómetros	48 horas
Regional, más de 200 kilómetros	72 horas

Es conocido que existen situaciones excepcionales, fuera de los controles habituales, que prolongan los plazos de entrega (accidentes en carretera o alteraciones climatológicas). No obstante, una plataforma logística bien sincronizada con el transporte masivo y las restricciones de las ventanas horarias puede lograr entre un 30 y un 40 % de las entregas en el mismo día. Si la gestión de una orden de pedido es adecuada en cada eslabón de la cadena de abastecimiento, el tiempo de permanencia de la mercancía en la plataforma se convertirá en una variable que no reviste complejidad. Solo de este modo la operación de un sistema de reexpedición podrá ser rentable para toda la cadena, contribuyendo a distribuir más, almacenando menos.

DÍA	OPERACIÓN	HORA INICIO	HORA FINALIZACIÓN
Primero	Recepción o toma de la orden, a cargo del ejecutivo de cuenta.	7:00 a.m.	3:00 p.m.
Primero	Transmisión de la orden al centro de acopio en origen.	3:00 p.m.	5:00 p.m.
Primero	Procesamiento y liberación de la orden, en cuanto a inventarios y cartera.	5:00 p.m.	7:00 p.m.
Primero	Generación de órdenes al centro de distribución de origen.	7:00 p.m.	7:30 p.m.
Primero	Programación de recursos y solicitud de vehículos.	7:30 p.m.	8:00 p.m.
Primero-Segundo	Preparación de consolidados y despacho de vehículos.	8:00 p.m. del día primero.	2:00 a.m. del día segundo.
Primero-Segundo	Tránsito nacional de los vehículos con las órdenes consolidadas.	Entre las 10:00 p.m. del día primero y las 2:00 a.m. del día segundo.	Entre las 8:00 a.m. y las 3:00 p.m. del día segundo.
Segundo	Descargue y desconsolidación de los vehículos y las órdenes.	Entre las 8:00 a.m. y las 3:00 p.m. del día segundo.	Máximo hasta las 8:00 a.m. del día segundo.
Segundo-Tercero	Ruteo de órdenes y cargue de vehículos urbanos.	Entre las 8:00 a.m. del día segundo y las 6:00 a.m. del día tercero.	Máximo hasta las 8:00 a.m. del día tercero.
Segundo-Tercero	Entrega a Clientes en comercios.	Inicia después de la desconsolidación, el día segundo. Si las ventanas de recibo lo permiten, se entrega entre un 30% y un 40% de los pedidos el segundo día.	Se finalizan todas las entregas de zona metropolitana.

Tabla 35. Ejemplo de un esquema de entregas *cross docking* con rangos de tiempos.

8.6 Ventajas de un sistema de reexpedición

Las principales ventajas de un sistema de reexpedición, gestionado de manera que integre todos los intereses de los agentes de la cadena de abastecimiento, son:

- Reducción del capital destinado a existencias almacenadas.
- Reducción de los costos de almacenamiento.
- Mayor rotación de las existencias.

- Eliminación de los riesgos de obsolescencia y caducidad de la mercancía.
- Incremento de los ciclos de servicio a los clientes.
- El sistema de reexpedición aumenta las ventas de productos, ya que permite establecer las bases para un control directo de la disponibilidad de mercancía en el punto de venta, de la calidad del surtido y de las cantidades exhibidas de cada artículo, ajustándose la demanda real.
- Disminución de roturas y productos averiados, gracias a una menor manipulación de las cargas.
- Entregas mediante el método justo a tiempo a partir de la recepción de la mercancía en las plataformas logísticas.
- Los centros de distribución operan en función de órdenes de compra consolidadas, facilitando la gestión del almacén en cuanto a la preparación de la mercancía y el control de las existencias.
- Órdenes de compra centralizadas que posibilitan la identificación real de productos agotados. Además, evitan el almacenamiento en lugar equivocado y el mantenimiento de existencias de seguridad en cada una de las sucursales de la empresa productora.
- Reducción de la mano de obra empleada por la empresa que genera la carga.
- Racionalización de las entregas y logro de un mayor número de viajes directos.
- Concentración de las funciones en servicio al cliente y realidad de la venta.
- Optimización del flujo informativo.
- Reducción del área dedicada a infraestructura física.

8.7 Desventajas de un sistema de reexpedición

Entre las posibles desventajas de un sistema de reexpedición, cabe considerar las siguientes:

- Si las operaciones no son continuas y programadas, pueden ocasionar ineficiencias o situaciones críticas en los procedimientos ordinarios de una plataforma logística, y desabastecimiento de productos en los puntos de distribución o venta.
- Un alto y constante compromiso de los actores de la cadena de abastecimiento involucrados.
- El sistema de reexpedición no es aplicable con otra filosofía que no sea la del método justo a tiempo.

- Las entregas paletizadas pueden generar una baja utilización del espacio de carga en los camiones, generando costos extra en los fletes.
- Se tiende a generalizar su uso para todo tipo de productos y volúmenes.

8.8 Ahorros de un sistema de reexpedición

Los principales costos que se pueden disminuir o eliminar gracias a la operativa de un sistema de reexpedición son:

- Costo financiero de las existencias.

- Costo de oportunidad (en qué se pueden invertir los recursos económicos ahorrados).

- Costos de almacenamiento y manipulación de mercancías:
  - Disminución del volumen de existencias almacenadas, mediante una adecuada gestión de las mismas y una reposición acorde con el consumo real de productos.
  - Costos de administrar el *stock* en los almacenes regionales. Las transacciones de existencias se llevan a cabo exclusivamente en origen, permitiendo eliminar el costo asociado a mantener un *stock* en cada punto de venta. Este es un ahorro tangible e independiente del tamaño del centro de distribución en origen, ya que en el esquema de distribución «almacén pulmón y almacén satélite» la mercancía pasa por el «pulmón», ocasionando doble costo al ser administrada nuevamente en el «satélite». Con un sistema de reexpedición se puede obviar la segunda administración.

- Costos de transporte:
  - Costos de vehículos de transporte dedicados a la distribución. En muchas ocasiones se presentan oportunidades de entregas masivas no previstas en el centro de distribución de origen, lo que ocasiona doble transporte: un primer recorrido para abastecer el almacén regional y un segundo para el envío urbano o regional de la mercancía. El objetivo es procurar envíos masivos de carga, directos y en un solo vehículo.
  - Eliminación de los transportes de abastecimiento para completar existencias y no para ventas. Este abastecimiento obliga a transportar más mer-

cancía de la que se va a vender en un determinado período, generando en muchos casos fletes sobre un producto sin rotación y que quizás nunca se va a vender. El ahorro está representado en la porción del inventario que no tiene rotación. Si asumimos que el 80 % de las existencias tiene una rotación igual o superior a los treinta días, por ejemplo, se pueden evitar los costos del porcentaje de productos que no sea necesario transportar aún. Esto se puede corregir con una menor frecuencia de pedidos de los artículos C, de la clasificación ABC.

- Costos de personal:
  - Reducción de la nómina asignada a la operación logística en cada una de las sedes regionales de venta. En un coordinador de logística y un auxiliar de servicio al cliente podría recaer la responsabilidad del seguimiento de las órdenes en tránsito, la solución a los inconvenientes en entregas, las estrategias de mejora del servicio y la gestión de la logística inversa. En resumen, se lograría un ahorro en horas y personas.

- Costos por roturas y averías.

La tabla 36 muestra la relación de varias actividades de un sistema de flujo continuo y un sistema de almacenamiento convencional.

Operaciones	Almacenamiento convencional	Reexpedición
Recepción mercancía	•	•
Etiquetado	•	
Trasladar a almacenamiento	•	
Almacenar	•	
Desalmacenar	•	
Preparar pedido	•	
Contar	•	
Verificar	•	•
Predistribuir	•	
Control de inventario	•	
Trasladar a andenes	•	•
Cargar camión	•	•

Tabla 36. Comparación de actividades entre un sistema convencional y un sistema de reexpedición.

8.9   ¿Cuándo usar el sistema de reexpedición?

Conviene utilizar un sistema de reexpedición cuando las empresas que se relacionan cumplan con alguno de los siguientes criterios:

- Los productos pueden ser entregados predistribuidos y etiquetados.
- Los productos pueden ser separados por medios mecánicos sin ninguna dificultad. Las cajas, bolsas y paquetes son embalajes que pueden ser transportados y clasificados por medios mecánicos.
- La empresa proveedora está capacitada para recibir la mercancía inmediatamente esta llegue.
- Los sitios de entrega son más de veinte.
- La capacidad del centro de distribución de sus clientes no es muy elevada.
- Se recibe y se envía una gran cantidad de ítems.
- Existe una relación de confianza entre la empresa proveedora y la cliente.
- El volumen de venta de la proveedora nunca llega a llenar un camión completo. Si este fuera el caso, el pedido debe ser entregado desde ella directamente al punto de venta.

8.10   ¿Con qué artículos usar un sistema de reexpedición?

Por último, con relación a qué productos aplicar un sistema de reexpedición, estos deben ser AAA, AA y A, los cuales por sí solos no llenan un vehículo de transporte al completo. Este tipo de productos son los que generan mayores necesidades de almacenamiento, movimientos y recursos, y son los que deberían tener prioridad para una gestión de flujo continuo. Pero si el volumen de estos productos completa en cada entrega un camión, estos deben ser entregados directamente por la empresa proveedora al punto de venta.

8.11   Entregas directas

Las entregas directas son una gran oportunidad para eliminar almacenamientos intermedios y reducir las necesidades de grandes áreas de almacenamiento en centros de distribución. Esta práctica consiste en enviar la mercancía directamente desde las fábricas a las empresas cliente o los canales de distribución, y es muy buena opción para transferir grandes volúmenes de productos.

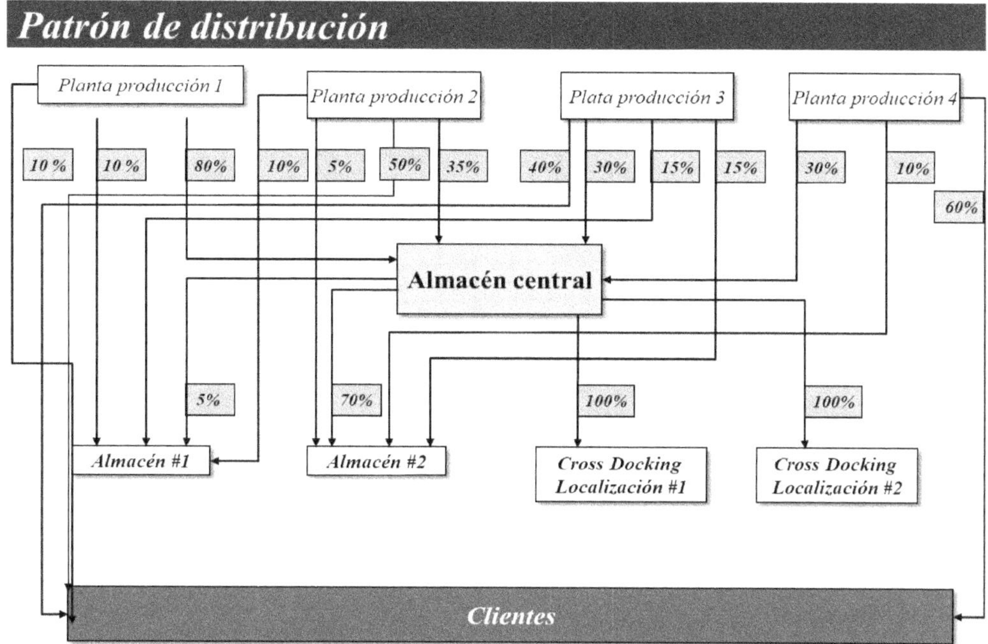

Figura 34. Sistema de distribución directa.

La utilización de un sistema de reexpedición y de la distribución directa ayuda a almacenar menos y a distribuir más. En la figura 34 se puede observar cómo las líneas gruesas representan el porcentaje de entregas desde las plantas de producción directamente a los clientes. De no llevarse esta práctica, esos volúmenes de productos deberían pasar primero por un almacén central o alguno de los almacenes, lo que generaría costos y una necesidad de tiempo superior. Si el volumen lo permite, es mejor no usar el sistema de reexpedición, sino enviar el producto directamente desde el centro de producción o de distribución al punto de venta de detallista.

Capítulo 9
Construir un indicador de control de la operación

Es posible que existan diferentes indicadores dentro de la gestión de los centros de distribución, como pueden ser, entre otros:

- Horas extra trabajadas.
- Órdenes atendidas a tiempo.
- Costo de almacenamiento de una caja.
- Tiempo invertido en la preparación de cada orden de pedido.
- Costo de preparación por cada pedido.
- Horas dedicadas a la capacitación del personal.
- Número de errores en el envío.
- Cantidad de reclamos de los clientes.

No obstante, es útil emplear un indicador global que resuma toda la operación del centro de distribución en una sola medición. La medición combinada de la actividad en una instalación es un índice que recoge una serie de indicadores básicos y los pondera de manera crítica o no (véase la tabla 37).

9.1 Reglas de oro en la gestión de centros de distribución

Los equipos de dirección y gestión de los centros de distribución deben desarrollar su función observando unas determinadas reglas, sin las cuales no es posible

Indicador	Resultado	Ponderación		Regla ácida	
		Ponderación	*Performance*	Regla	*Performance*
Costo por caja	95%	40%	38%	0	0
Nivel de servicio a la orden	98%	30%	29%	1	100%
Cantidad	98%				
Calidad	100%				
Tiempo	100%				
Número de cajas movidas / empleado	95%	30%	29%	1	100%
Resultado		100%	96%	2	66,7%

Tabla 37. Indicador de la actividad en una instalación o de *performance*.

garantizar la eficiencia para la propia organización ni la eficacia del servicio a los clientes. Estas reglas son las siguientes:

- La adecuada prestación de un servicio de calidad empieza cuando las mercancías están disponibles para ser enviadas, por ello es mejor no caer en la trampa de darle prioridad al despacho antes que a la recepción. Esta debe prevalecer, pues si no se tienen registrados los productos después de haberlos recibido, ¿cómo se enviarán después?
- Con la misma lógica, primero se debe asegurar el abastecimiento del área de preparación de pedidos. El hecho de que esta zona no está abastecida permanentemente puede ocasionar improductividad y roturas en la cadena de abastecimiento.
- Resulta preciso seleccionar a las personas adecuadas para cada cargo, evitando que el centro de distribución sea un área de reciclaje de personas que ya han mostrado su ineficiencia en otros departamentos de la empresa.
- Capacitar, formar y compensar adecuadamente. La capacitación y la formación no son un costo, sino una inversión que debe contar con un presupuesto apropiado.
- Establecer un indicador de función único por áreas, evitando mediciones que entorpezcan la operación y comporten pérdidas de tiempo.
- Medir la actividad de cada persona y exhibir sus resultados públicamente.
- Realizar perfiles de operación y actualizarlos periódicamente, al menos cada tres meses.
- Evitar la gestión documental en papel, mediante la implementación de tecnologías como lectores de códigos de barras y sistemas de identificación por radiofrecuencia, sistemas de voz y otros automatismos.

9.2 Conclusiones

En este libro se han estudiado varios modelos determinísticos que permiten analizar de manera cuantitativa las operaciones y tomar decisiones basadas en el conocimiento de las cifras que sustentan las operaciones de los centros de distribución. Solo de esta manera se pueden tener indicadores fiables y aplicar técnicas de mejora continua.

No importa el tamaño y nivel tecnológico de la instalación que se disponga, siempre será posible mejorarla aplicando los principios y las herramientas que se han expuestos a lo largo del texto. Para terminar, es conveniente recordar que todos los modelos determinísticos usados están consignados en una herramienta que se denomina ***Tool book,*** una hoja de cálculo que contiene en cada hoja una herramienta específica para analizar, gestionar y mejorar un subproceso o tema específico. El ***Tool book*** puede encontrarse gratuitamente en www.margebooks.com, en la página dedicada a este libro.

Capítulo 10

Ejercicios

10.1 Gestión de un centro de producción

Un responsable de gestionar un centro de distribución está teniendo últimamente muchos problemas de servicio. En las siguientes tablas se presentan los volúmenes de ventas en unidades y la producción. El interés de este ejercicio es establecer cómo obtener un mejor desempeño del centro de distribución.

Tal y como se muestra a continuación, las ventas mensuales con las que se ha trabajado son las ventas anuales divididas por doce meses.

Línea	Promedio
1	108.472
2	40.300
3	2.220
4	145.900
5	253.000
6	2.800
Total	552.692

La producción es más estable y se comporta con el siguiente promedio mensual.

Línea	Promedio
1	112.500
2	45.200
3	1.800
4	138.600
5	240.000
6	3.800
Total	541.900

Un volumen de 72.000 unidades mensuales ingresan de otros lugares de producción, especialmente de empresas proveedoras en el exterior.

Por su parte, las ventas reales de los últimos ocho meses han tenido el comportamiento que se presenta en la siguiente tabla:

1	2	3	4	5	6	7	8
562.934	356.849	287.499	893.457	567.000	380.900	562.000	834.569

En la paletización de las cajas se colocan 45 unidades por palé. Con varias empresas proveedoras se acordó utilizar un sistema de estanterías de doble profundidad a cuatro niveles de altura y con dos palés por nivel, lo que ofrece una capacidad de 9.000 palés. El nivel de servicio que la empresa ofrece es del 96 %. Además, el centro de distribución opera de acuerdo a los siguientes datos:

- Tres turnos de producción.
- Dos turnos y medio para despachos en el almacén.
- Siete horas de trabajo efectivas por turno de trabajo.
- El 40 % de las ventas se hacen en la última semana del mes, y dentro de esta semana se concentran en los últimos cuatro días de ventas.
- Los días de cobertura de existencias planteados son un total de doce días.
- La ventana horaria de envío es de seis horas y en esta ventana horaria deben enviarse el 60 % de los pedidos.
- Se destinan cinco días y medio de entrega por semana.
- La plantilla de la empresa es de 28 personas.
- La productividad estimada de palés movidos por persona por hora es de ocho.

Si se requiere alguna información adicional que no aparezca en este ejercicio, se puede optar por utilizar un criterio libre.

a. Realizar un diagnóstico de lo que sucede en este centro de distribución.
b. Calcular el flujo de operaciones de este centro de distribución.
c. ¿Cuáles son los requerimientos de personas operativas?
d. ¿Qué sugerencias surgen para mejorar la productividad del centro de distribución en mención?
e. ¿Qué sucede si los días de cobertura de existencias aumentan?

10.2 Cauchos Lin

Cauchos Lin es una industria líder en la fabricación y comercialización de productos de caucho. Entre sus líneas de producción están las siguientes:

* Botas de caucho en diferentes presentaciones, tallas y colores.
* Guantes de uso industrial.
* Guantes de uso quirúrgico.
* Elementos de caucho y plástico para uso industrial, especialmente para el sector automotriz.

Lin posee operaciones en casi todos los países de Latinoamérica, pero es muy fuerte en los mercados de Panamá, Ecuador, Perú, Chile y Colombia. También cuenta con plantas de producción en Ecuador, Colombia, Panamá y Argentina, desde las cuales debe atender el mercado de Ecuador, Colombia, Panamá, Argentina, Perú, Chile y Bolivia.

Las ventas de la empresa de los últimos treinta meses se pueden ver en la tabla 1. Estas ventas presentan un comportamiento errático, principalmente porque la demanda de los productos se comportan de acuerdo a algunas circunstancias de consumo propias de los mercados que atiende. Por ejemplo, el calzado de caucho para trabajadores del campo aumenta fuertemente en épocas de cosecha, como es el caso de la cafetera de Colombia, que se concentra en los meses de septiembre, octubre y noviembre. De la misma manera, la cosecha de plátano en los casos de Colombia y Ecuador se concentra en el segundo semestre, en la temporada de lluvias. Otros productos en algunos mercados son más estables.

Los puntos de producción, sus capacidades y la demanda por país pueden apreciarse en la tabla 2.

Mes	Mes	Ventas
-30	enero	525.900
-29	febrero	774.000
-28	marzo	962.700
-27	abril	1.507.900
-26	mayo	118.000
-25	junio	362.500
-24	julio	617.000
-23	agosto	434.300
-22	septiembre	1.763.900
-21	octubre	1.855.000
-20	noviembre	4.074.000
-19	diciembre	961.200
-18	enero	1.367.000
-17	febrero	280.200
-16	marzo	155.600
-15	abril	794.700
-14	mayo	927.400
-13	junio	1.623.700
-12	julio	139.900
-11	agosto	901.400
-10	septiembre	227.000
-9	octubre	1.239.600
-8	noviembre	1.670.000
-7	diciembre	430.600
-6	enero	653.500
-5	febrero	1.370.700
-4	marzo	2.310.000
-3	abril	510.000
-2	mayo	878.700
-1	junio	1.649.200
0	julio	1.845.800

	Año -2	Año -1	Año 0
Enero	525.900	1.367.000	653.500
Febrero	774.000	280.200	1.370.700
Marzo	962.700	155.600	2.310.000
Abril	1.507.900	794.700	510.000
Mayo	118.000	927.400	878.700
Junio	362.500	1.623.700	1.649.200
Julio	617.000	139.900	1.845.800
Agosto	434.300	901.400	
Septiembre	1.763.900	227.000	
Octubre	1.855.000	1.239.600	
Noviembre	4.074.000	1.670.000	
Diciembre	961.200	430.600	
Total	13.956.400	9.757.100	9.217.900

Tabla 1. **Ventas por mes.**

	Capacidad de producción	Demanda	Costo de producción variable	Costo fijo mensual
Ecuador	110.000	85.000	18,0	338.800
Colombia	620.000	520.000	16,0	1.395.000
Panamá	42.000	24.000	19,5	168.000
Argentina	380.000	280.000	19,2	1.162.800
Peru		120.000		
Chile		48.000		
Bolivia		25.000		
Total	1.152.000	1.102.000		

Tabla 2. **Puntos de producción y demanda por país.**

Los costos de transporte *Tij* indican el valor por docena de zapatos/kilómetro desde el lugar de producción *i* hasta el lugar de consumo *j*. En la tabla 3 se obtiene la información completa de fletes dependiendo del lugar y el destino.

Planta		Costo de transporte por docena/kilómetro Tij						
		Ecuador	Colombia	Panamá	Argentina	Perú	Chile	Bolivia
		M1	M2	M3	M4	M5	M6	M7
P1	Ecuador	-	0,95	1,25	1,25	0,85	1,25	1,25
P2	Colombia	0,95	-	1,25	1,25	1,25	1,25	1,25
P3	Panamá	1,25	1,25	1,25	1,25	1,25	1,25	1,25
P4	Argentina	1,42	1,25	1,25	-	1,25	1,20	1,40

Tabla 3. Costos de transporte por docena por kilómetro.

Por su parte, la tabla 4 muestra las distancias de cada lugar de producción a cada lugar de demanda.

Planta		Distancia, en kilpometros dij						
		Ecuador	Colombia	Panamá	Argentina	Perú	Chile	Bolivia
		M1	M2	M3	M4	M5	M6	M7
P1	Ecuador	-	1.500	1.200	1.000	950	2.500	1.800
P2	Colombia	1.500	-	1.500	3.800	1.800	4.200	4.500
P3	Panamá	1.200	1.500	-	5.500	3.200	4.500	3.200
P4	Argentina	1.000	3.800	5.500	-	4.500	1.200	1.400

Tabla 4. Distancias desde los lugares de producción a los lugares de demanda.

La tabla 5 muestra que la principal operación de distribución está localizada en Colombia y que corresponde a la bodega 2, la cual puede llegar a gestionar hasta 432.000 pares de producto por mes; y muestra, además, la capacidad de almacenamiento de cada almacén. Cabe comentar que la diferenciación entre almacén y

Bodega	País	Capacidad	Ventas
B1	Ecuador	336.000	405.200
B2	Colombia	432.000	534.000
B3	Panamá	180.000	142.000
B4	Argentina	160.000	340.000

Tabla 5. Ventas y capacidad de almacenamiento por país.

centro de distribución no está muy clara, y normalmente se refieren a sus lugares de almacenamiento como almacenes, aunque los lugares de almacenamiento B1, B2 y B3 podrían ser considerados como centros de distribución.

Los almacenes actuales se han adquirido de manera empírica, con los criterios del personal comercial, pero en la actualidad se han evidenciado muchas deficiencias en cuanto a la ubicación y las prestaciones técnicas. Permanentemente se escuchan reclamos del personal relacionados con exceso de calor, lo que le genera fatiga, demoras para localizar los productos en el almacén, daños en las carretillas de carga, deterioro del pavimento y algunas reclamaciones de la clientela porque la mercancía se entrega cubierta de polvo. Asimismo, algunas visitas que han recibido han hecho comentarios desalentadores, refiriéndose al desorden, la basura y el caos que detectaron.

En la tabla 6 se detallan algunas especificaciones técnicas de la instalación actual de los dos principales centros de distribución en Ecuador y Colombia.

Especificaciones Técnicas de la Instalación		
	B1	B2
Ancho	42	45
Largo	70	85
Alto	9	11
Posiciones de racks en altura	3	4
Número de puertas	6	8
Area de bodega	2.940	3.825
Sistema de almacenamiento utilizado	racks selectivo	racks selectivo
Area de patios	1.200	440
Areas complementarias	200	250
Sistema de Racks	Selectivo pofundidad sencilla	Selectivo doble profundidad
Areas de oficinas	45	62
Areas de estibas	no especificada	no especificada
Areas de cargue de baterías	no tiene	no tiene
Area de muestras y obsequios	22	45
Area para parqueo de camiones	1.050	2.050
Area de preparación de pedidos	1.200	800

Tabla 6. Especificaciones técnicas de la instalación.

En la tabla 7 hay una recopilación de las especificaciones de la operación. También se debe tener en consideración que una jornada laboral de 40 horas semanales, conlleva un 12 % de desperdicio de tiempo, incapacidades y fatiga. El salario promedio del personal operativo es de 952 $/mes y para el personal administrativo de 5.400 $/mes, estos valores incluyen los recargos por prestaciones sociales.

Algunas Especificaciones de la Operación

	B1	B2
Dimensiones del pallet	1000x1200	1000x1200
Cajas / pallet	28	34
Altura del pallet	1,4	1,4
Volumen/caja	0,064	0,064
Política de días de inventario	30	25
Días de trabajo por semana	6	6
Capacidad de Almacenamiento	300.000	360.000
Tiempo de movimiento de un pallet	12	9
Tiempo de ciclo en el almacén	74	68
Número de operarios	22	14
Ventas en la última semana	42%	32%
Vahículos Grandes (32 m3)	52%	46%
Vehiculos Medianos	20%	12%
Vahículos Pequeños (20 m3)	28%	42%
Tiempo de Cargue 32 m3	65	60
Tiempo de Cargue 20 m3	28	52

Tabla 7. Especificaciones técnicas de la operación

Cauchos Lin tiene retrasos en las entregas de los productos a sus clientes. Estos retrasos se presentan en las operaciones de algunos de sus centros de distribución, por lo que se ha recopilado la información que aparece en las tablas número 8 y 9. El objetivo es que esta información sirva de base para obtener los requerimientos de recursos, entre ellos el número de muelles, que en ocasiones son insuficientes y generan que los envíos queden aplazados.

Las principales unidades de mantenimiento de existencias o SKU de una de las líneas de producto, tienen la actividad dentro del centro de distribución B1, como se muestra en la tabla 10, en la cual se puede ver parte del portafolio de productos de Lin. Los datos representan las ventas por SKU, el margen de contribución y la cantidad de veces que aparecen los productos en las órdenes de pedido.

Se ha pensado en establecer una manera de poder predecir qué cantidad de envíos se realizarán para el próximo mes, pero no ha sido posible tener un modelo adecuado para este propósito, en parte porque no se tienen las estadísticas exactas

Recibos Bodega 1			Despachos Bodega 1		
Operaciones por horas en cajas	Máximo	Mínimo	Operaciones por horas en cajas	Máximo	Mínimo
6-8 a:m	-	-	6-8 a:m	450	-
8-10	-	-	8-10	10.500	490
10-12	-	-	10-12	6.478	1.170
12-2 p:m	-	-	12-2 p:m	1.270	-
2-4	7.200	-	2-4	840	-
4-6	7.200	-	4-6	8.500	1.480
6-8	-	-	6-8	1.200	85
8-10	-	-	8-10	845	125
10-12	-	-	10-12	-	
12-2 a:m	-	-	12-2 a:m	-	
2-4	-	-	2-4	-	
4-6	-	-	4-6	-	
Total	14.400	-	Total	30.083	3.350

Tabla 8. **Recibos y despachos para el almacén 1.**

Recibos Bodega 2			Despachos Bodega 2		
Operaciones por horas en cajas	Máximo	Mínimo	Operaciones por horas en cajas	Máximo	Mínimo
6-8 a:m	10.800	-	6-8 a:m	1.287	989
8-10	10.800	-	8-10	4.500	770
10-12	3.600	-	10-12	4.478	2.170
12-2 p:m	-	-	12-2 p:m	3.500	2.346
2-4	-	-	2-4	840	1.589
4-6	-	-	4-6	2.500	1.280
6-8	-	-	6-8	2.800	750
8-10	-	-	8-10	845	1.400
10-12	-	-	10-12	-	
12-2 a:m	-	-	12-2 a:m	-	
2-4	-	-	2-4	-	
4-6	-	-	4-6	-	
Total	25.200	-	Total	20.750	11.294

Tabla 9. **Recibos y despachos para el almacén 2.**

Sku's	mes 1	mes 2	mes 3	mes 4	mes 5	mes 6	mes 7	mes 8	mes 9	mes 10	mes 11	mes 12	mes 29	mes 30	Margen	Veces/órden
1	5.259	7.740	9.627	15.079	1.180	3.625	6.170	4.343	17.639	1.855	4.074	9.612	8.787	16.492	82%	410
2	550	3.957	5.994	4.069	-6	-16	5.033	5.177	7.387	955	1.684	3.425	1.357	8.686	15%	469
3	1.571	3.863	2.788	6.713	581	1.988	2.812	1.585	6.326	1.037	1.444	3.694	2.296	6.684	92%	95
4	496	2.187	1.319	4.008	1.638	1.657	1.609	1.537	5.104	918	1.309	1.779	1.639	5.687	21%	243
5	1.013	1.370	201	4.809	282	1.076	1.667	1.405	3.583	494	899	2.404	1.980	5.177	63%	215
6	339	1.863	1.045	2.180	684	1.003	755	1.572	3.220	578	1.258	999	1.277	3.871	32%	490
7	0	0	0	600	0	0	0	600	1.500	0	0	0	-155	480	0%	475
8	0	524	1.316	2.177	420	0	525	630	840	210	210	630	5.670	1.260	68%	498
9	0	0	0	1.500	0	0	0	0	0	0	0	0	0	920	15%	150
10	518	0	0	1.158	126	0	567	0	532	0	644	0	840	406	13%	295
11	40	412	918	596	167	330	473	633	1.545	201	520	431	476	1.489	4%	64
12	0	900	900	900	0	300	450	300	600	300	450	600	0	300	76%	139
13	0	0	600	450	1.050	0	0	0	600	0	0	0	0	600	17%	169
14	170	476	91	907	423	337	451	492	826	276	328	415	407	874	94%	78
15	234	288	677	952	184	349	377	519	826	256	431	332	588	674	93%	120
16	0	0	0	600	0	-5	0	600	0	0	0	51	0	0	43%	111
17	0	0	420	630	1.155	0	0	0	630	0	0	0	0	0	28%	93
18	194	333	385	625	414	233	258	674	760	76	434	265	106	1.024	31%	420
19	281	0	1.012	0	0	0	0	0	72	0	0	450	360	0	35%	100
20	0	750	152	76	149	421	225	300	160	440	375	600	0	1.162	41%	150
21	0	262	300	150	0	739	150	461	600	150	0	450	0	150	48%	300
22	335	291	406	589	152	204	185	611	712	215	341	261	404	654	23%	172
23	330	0	0	765	0	0	379	1.200	46	0	195	-241	345	413	55%	187
24	120	366	658	574	77	437	203	169	501	66	163	339	322	600	24%	60
25	0	0	450	390	660	0	0	0	450	0	0	0	0	300	10%	93
26	190	253	419	315	47	246	115	356	454	126	218	252	214	773	43%	269
27	136	272	521	552	95	251	250	200	480	21	176	188	154	863	63%	194
28	0	0	150	240	450	0	300	0	150	150	150	0	0	480	12%	33
29	180	0	0	228	238	0	225	0	0	0	0	0	195	250	27%	28
30	95	171	285	304	236	146	166	197	452	109	222	310	0	0	51%	192

Tabla 10. Ventas de SKU por mes para una línea de producto.

de los envíos, pero se espera que con la información recabada de las ventas se pueda hacer una planificación de las operaciones.

La dirección de Cauchos Lin requiere que, para la próxima reunión, se tengan respuestas a cada una de las siguientes preguntas:

- Con la información suministrada, presentar una optimización del sistema de distribución: desde qué lugar se debe atender cada mercado, con tal de minimizar los costos operativos de todo el sistema.
- Verificar si las actuales localizaciones de los centros de distribución son las adecuadas.
- Verificar la capacidad de las instalaciones del almacén 2 en Colombia y el almacén 1 en Ecuador.
- Proponer qué áreas serían necesarias para una adecuada plataforma de distribución.
- Con la información suministrada, definir el formato que probablemente se esté empleando en los dos centros de distribución en estudio.
- Calcular la capacidad de flujo de operaciones.
- ¿El número de puertas es el adecuado para el volumen de operaciones?
- Presentar una propuesta de ubicación dentro de la instalación para las principales SKU de la línea de producto estudiada.
- Realizar una propuesta de formato más adecuada, utilizando la misma instalación.
- Establecer una regla de productividad para la atención de los productos en el centro de distribución, cuáles se cargan primero, cómo se ubican, etc.
- Realizar un planteamiento de las operaciones para el mes siguiente.
- Diseñar un índice logístico del almacenamiento con los datos suministrados.
- Definir otras consideraciones observadas además de las conclusiones.

Bibliografía

Meyers, Fred y Stephen, Matthew P., *Diseño de instalaciones de manufactura y manejo de materiales.* Pearson Educación, México, 2006.

Eliyahu Goldratt, *La Meta,* Ediciones Castillo, Monterrey (México).

Saldarriaga Restrepo. Diego Luis, Gerencia de inventarios & planeación de producción; soluciones simples a problemas complejos, Edita Zonalogística, Bogotá (Colombia) 2014.

Zonalogística, edición 77, "El picking, problema o solución", Rafael Marin V.